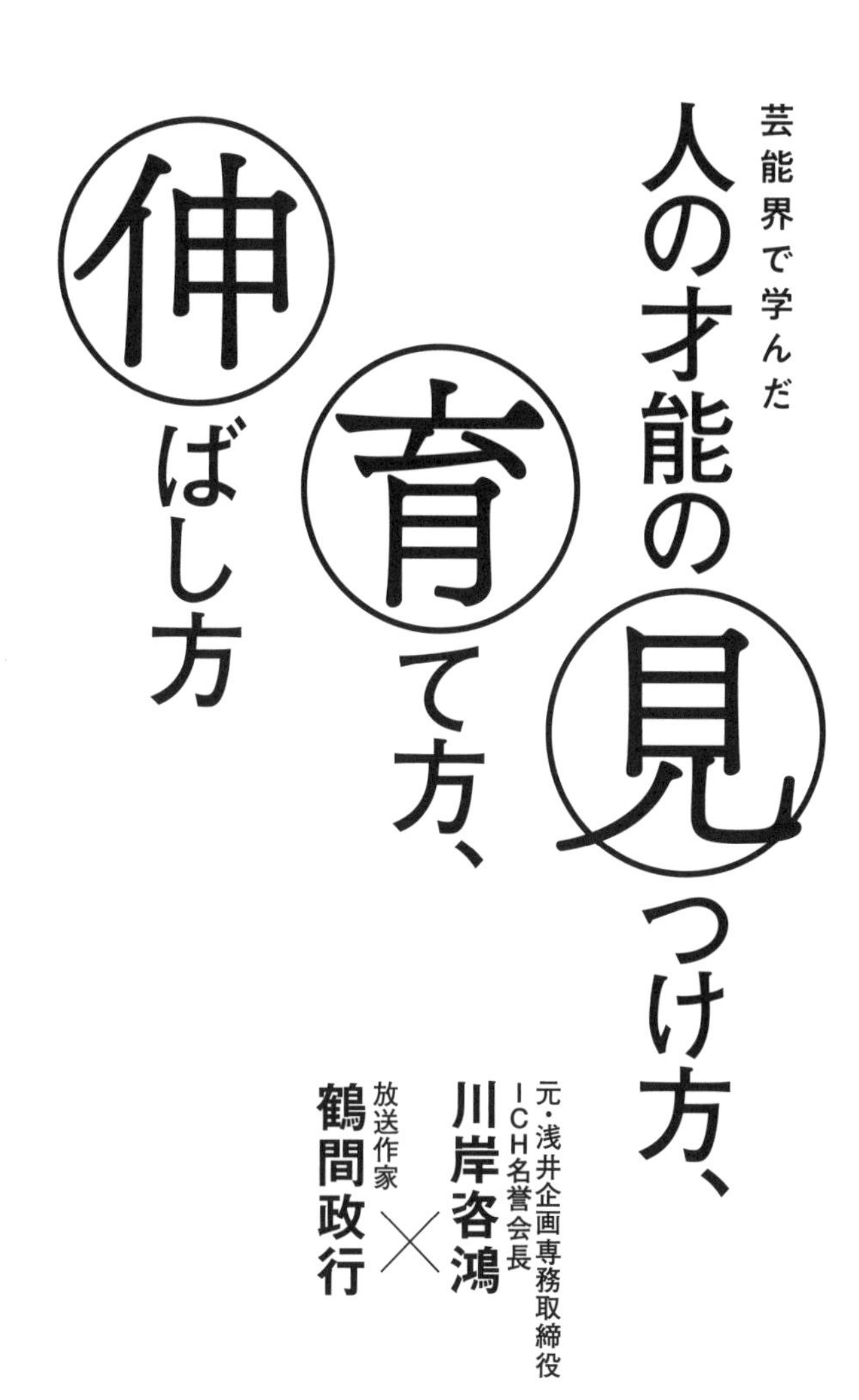

芸能界で学んだ

人の才能の見つけ方、育て方、伸ばし方

元・浅井企画専務取締役
ICH名誉会長
川岸咨鴻
×
放送作家
鶴間政行

フォレスト出版

はじめに

あなたは、「芸能マネージャー」と聞いてどんな印象を持ちますか？

タレントのスケジュール管理や身の回りの雑務といった秘書的な役割、メディア露出のための各媒体への営業活動といったイメージを持つ人が多いかもしれません。

確かに、そのようなことも、担当タレントが気持ちよくスムーズに仕事に専念してもらう上で、重要な仕事です。

芸能事務所によってそれぞれですが、芸能マネージャーにとって重要な役割の1つに、「タレントの才能を見抜いて、引き出し、育てて、伸ばす」という役割があります。

文字どおり、マネジメントです。

先に挙げた「メディア露出のための各媒体への営業活動」と深く関連してくるのですが、タレントという商品をどのように磨き上げていくか、開発していくか、タレント本人に理解させて、よりよい方向に導いていくかは、芸能マネージャーの腕が大きく問われます。競走馬の世界でたとえると、調教師的な役割です。

芸能事務所における商品は、モノではなく、生身の人間です。

その商品には、感情や思考、性格などがあります。そのタイプは十人十色。そこが、この仕事の一番の魅力であり、大変なところでもあります。このような仕事が好きな人にとっては最高の仕事、好きじゃない人にとっては苦行でしかありません。

私は幸いにも、この仕事が大好きでたまらず、いつの間にか六十年以上にわたって従事してきました。そんなことから、私のことを、芸能界の生き字引的な存在、伝説の芸能マネージャーとか呼ぶ人がいるみたいですが、私自身はそんな自覚はまったくありません。ただただ好きでたまらないから、八十を迎えた今でも、現場に足を運んでいます。

*

申し遅れましたが、ここで簡単に自己紹介をさせてください。

詳しくは本文で詳述しますが、私は高校時代には甲子園の常連校で野球に明け暮れ、高校卒業後に舞台の裏方の仕事、バンドマンなどを経て、芸能マネジメント業に足を踏み入れたのが始まりです。

今の若い人には「宇多田ヒカルの母親」といえばわかるかもしれませんが、藤圭子の初代担当マネージャーなど、音楽系マネジメントに従事。その後、縁あって浅井企画という芸能事務所に入り、専務取締役としてコメディアン、お笑い芸人、タレント、俳優、歌手、文化人など、多岐にわたるマネジメント現場を経験してきました。私自身、肩書きなんかどうでもよく、つねに現場主義で生きてきた自負があります。

浅井企画は、「欽ちゃん」こと、萩本欽一と坂上二郎のコンビ「コント55号」を筆頭に、車だん吉、関根勤、小堺一機、見栄晴をはじめとする欽ちゃんファミリー、キャイ〜ン、ずん、流れ星☆、どぶろっく、みやぞん（ANZEN漫才）などが所属している（していた）ことで、世間一般に知られているかと思います。

四十代以上の方ならおわかりかと思いますが、欽ちゃんは、かつて舞台中心だったコメディアンをテレビタレントとしての道を拓いた先駆者としても知られています。

今なお一線で活躍しているお笑い界の大物芸人たちも、「コメディアン、お笑い芸人、お笑いタレントの社会的地位を引き揚げてくれたのは欽ちゃんだ」と口をそろえて言います。

そんな欽ちゃんと関係の深い事務所で、主に新人発掘とマネジメントを60年以上にわたり従事してきました。

ご想像のとおり、芸能界は才能のぶつかり合いの世界です。この業界で「売れる」のはひと握り、さらにずっと業界に生き残っていけるタレントや芸人はほんのわずかです。

そんな厳しい世界で、タレントと二人三脚、眠っている才能を見抜いて、引き出し、育てて、伸ばす。結果につながればいいですが、残念ながら結果が出ずにこの世界から身を引いていく人たちをたくさん見てきました。

私自身が今も現役マネージャーとして、徹底的に現場主義のこともあり、自分の事務所のタレントや芸人のみならず、他事務所のタレントたちも多く目にしてきました。

60年以上にわたって現場にいると、やはり、売れる人、売れない人の目利き、その人物が眠っている才能を見抜き、引き揚げていく力は、他の方より多く養ってきたと自負しています。

今回、60年以上にわたって培ってきた経験、知恵、知識から見いだした目利きやノウハウは、芸能界以外のビジネスシーンでもお役立ていただけるはずと、出版社の方からお話をいただきました。当初、私の経験なんてたいしたことないと、正直後ろ向きの気持ちでしたが、私の経験やノウハウが若い方々の少しでもお役立ていただけるのなら、今までお世話になってきた芸能界へ少しでも恩返しになるのならと思い、本書を書き進めることにしました。

*

また、芸能マネージャーという視点だけでなく、放送作家という別の視点でお伝えするほうが、より多くの方にお役立ていただけるのはないかと思い、共著者として鶴間政行さんをお迎えしました。

鶴間さんは、学生時代から欽ちゃんのラジオのハガキ職人。大学在学中に放送作家を志して欽ちゃんに師事。5年間の居候を経て、放送作家としてデビューし、以後、

「欽ドン！　良い子　悪い子　普通の子」「欽ちゃん&香取慎吾の全日本仮装大賞」「笑っていいとも！」「オレたちひょうきん族」「ＳＭＡＰ×ＳＭＡＰ」「王様のブランチ」など、多くの人気テレビ、ラジオ番組を構成。現在も、「超逆境クイズバトル！ 99人の壁」「キニナル金曜日」などの構成をしています。

ちなみに、小堺一機がＭＣを務めていた人気長寿番組「ごきげんよう」で「何が出るかな、何が出るかな」で知られる「サイコロトーク」の発案者としても、業界では名高い人物でもあります。

芸能マネージャーの私、放送作家の鶴間さん、それぞれの視点から、芸能界という才能のせめぎ合いの世界で、どのように人の才能を見つけ、育て、伸ばしてきたかについてお伝えします。

私と鶴間さんの共通点として「欽ちゃん」がいます。よって、本書では欽ちゃんの話が多く登場します。が、先にも触れたように、欽ちゃんは、かつて舞台中心だったコメディアンをテレビタレントとしての道を拓いた先駆者であり、いわゆるテレビタレント、芸能界の基礎をつくったと言ってもいい方です。そんな人物からいろいろ教えてもらったことは、芸能界の本質的なものであり、その学びは、時代や業種を問わず、多くの方にお役立ていただけるものだと考えています。

あなたのまわりの部下やお子さんのマネジメントのヒントになれば、著者としてこれほどうれしいことはありません。

なお、本書では文章表現上、一部敬称略としております。ご承知おきください。

川岸咨鴻

芸能界で学んだ 人の才能の見つけ方、育て方、伸ばし方◎目次

第2章 人の才能を見抜くコツ 51

第3章 人の才能の育て方

第4章 人の才能の伸ばし方

装幀◎河南祐介（FANTAGRAPH）
本文デザイン◎二神さやか
編集協力◎安恒　理
特別協力◎川岸一超（株式会社ＩＣＨ）
ＤＴＰ◎株式会社キャップス

芸能界で学んだ
人の才能の
見つけ方、育て方、伸ばし方

第1章

芸能マネージャーという仕事

芸能マネージャーは軍師である（川岸）

欽ちゃん（萩本欽一＝日本を代表するコメディアン）がこんなことを言っていたことがあります。

今、タレントのマネージャーというと、パシリとか、下っ端というようなイメージがあるけれど、英語の辞書を引いたら、「manager＝経営する人、管理する人、運営する人」という意味になるらしい。

だから、マネージャーというのは、タレントよりも偉くて、軍師なんだ、と。日本のなかで地位が変わって、タレントよりマネージャーのほうが下っ端になってしまったと、欽ちゃんは言うわけです。

確かにそういう側面はあるかもしれないけれど、下にいながらも、優秀なマネージャーは、タレントをうまく扱うことができるものです。

たとえば、「いいマネージャーの資質は何だ?」と若い人に問うと、「タレントのスケジュール管理と健康管理がうまくできるマネージャー」なんて答えが返ってきたりします。

決して間違いではないでしょう。

ただ、いいマネージャーの条件として、私は「上手なウソがつける」ってことを挙げたいのです。

上手なウソは、人間関係を潤滑に進めるようにできるから。

「○月○日、出演お願いできませんか」

とオファーがあったとします。

あいにく別のスケジュールが入っていて、

「うわぁ、その日はダメなんですよ」

と即答しちゃうマネージャーは二流です。

そこで「ちょっと待ってください。少しお時間ください」って、ダメでも1回調整するふりをするマネージャーが一流です。

相手に最善を尽くしたと思わせること。その対処1つで、多少は恩を売ったことにもなります。

これは、対タレントにも同じことが言えます。

バカ正直に接するマネージャーだと、いい人間関係が築けません。

そもそもタレントは、個性が強かったり、ワガママが多い傾向があります。マネージャーは、確かにパシリみたいに見えるけれど、優秀なマネージャーは、そこはうまくコントロールします。

かつて、私が担当した藤圭子（１９７０年代に一世を風靡した演歌歌手。宇多田ヒカルの母。代表曲「新宿の女」「女のブルース」など）なんかも、ワガママというか、突然、理解しがたい行動に出るときがありました。テレビ局に向かって私がクルマを運転していると、六本木の交差点でいきなり降りちゃう。こっちはハンドルを握っているから、追いかけるわけにもいかない。でも、本番までにはテレビ局に現れる。

なぜか？

普段からタレントとの信頼関係を築いているから。のちほど、他の項目でも詳しくお伝えしますが、本当にやってはいけないことをやったときは、本気で叱る。ほめるときは、ちゃんとほめる。困っているときは全力で助ける。当たり前のことを当たり前に、本気で臨んでいるからこそ、タレントとの信頼関係が築けるのです。

これは、芸能マネージャーに限りません。どんなビジネスでも同じです。

相手がクライアントだろうと、取引先だろうと、上司や部下であろうと、普段からの仕事ぶり、信頼関係ができていれば、どんなことにも対応ができる。コントロールができる。

近年、「信頼貯金」という言葉を耳にしますが、その人の信頼は、ほぼ100%、「日常のふるまい、言動でできている」と言っても過言ではないと思います。

「やると言ったことを、ちゃんとやる」「時間を守る」「人の悪口を言わない」「人を裏切らない」「困っている人がいたら助けてあげる」「トラブルから逃げずに誠心誠意対応する」……。

そんな当たり前のことを当たり前にやれるかどうかが、人間関係、信頼関係に直結している。これが、私が芸能マネージャー60年で学んできた答えの1つです。

逆境から逃げずに誠意を見せて、得られるもの（川岸）

マネージャーの大事な仕事の1つに、タレントが不祥事を起こしたときのフォローがあります。特に芸能人は近年の「文春砲」に代表されるようなメディアに狙われやすいものです。

私なんか、スキャンダルでも起こるとうれしくなっちゃうところもあります。普通は「嫌だな〜」って思うところがうれしくなっちゃう。「よ〜〜し、これをどう収めるかな」って。その意味で、私はマネージャーに向いていると思っています。

週刊誌のスキャンダルをはじめ、このような「困難から逃げる」って姿勢を、もしマネージャーなり事務所なりが見せたら、他のタレントたちにも悪影響を及ぼします。少なくとも「事務所は（マネージャーは）、俺らの味方じゃなかった」と不信感すら抱きかねません。

逃げてしまえば、関係者との間にもヒビが入ってしまいます。たとえば、広告代理店である電通に顔を出したときでも、そのときの関係者のところには顔を出しづらくなってしまう。

でも、逃げることなく誠心誠意ことに当たれば、のちのち「いや〜、あのときは大変だったたな」って笑い話にできるようになります。

かつて私が担当していたK・Mが、妻子ある男性と「駆け落ち」したときだって、実は3億円くらいの損害賠償が発生していたはずです。それをなんとか3000万円くらいに抑えた。手前味噌になっちゃいますが、すごい仕事をしたと思っています。億単位の賠償金を10分の1に抑えたんだから。それは間違いなく、マネージャーとして逃げることなく、誠心誠意ことに当たったから。この誠心誠意の値段をつけるとしたら、2億7000万円ってこと（笑）。

逃げることなく、正々堂々、誠心誠意ことに当たれば、相手も人間。同情してくれたり、応援してくれる人が必ず現れるものです。普段から良好な人間関係、信頼関係ができていることが前提ですが……。

ただ今の時代、SNSが発達してタレントを守るのが難しくなってきているのは事実です。それこそ、1億総評論家の時代。タレントが不祥事を起こすと、すぐに「CM契約の違約金がトータルで5億円だ」とか勝手に計算して、それをSNSで拡散したりする。拡散されると、それが既成事実のようになってしまう。そしてバッシングが続いていくという悪循環……。

マネージャーも芸能事務所も、難しい対応を迫られているのは間違いないでしょう。

他者のミスに寛容になる（川岸）

相手が大きなミスを犯したとき、嵩（かさ）にかかって責め立てる人って、結構いますよね。社会人なら、そこは冷静になるべきじゃないでしょうか。

浅井企画所属のお笑いコンビ「ずん」のやすが、制作サイドのミスで大ケガしたときがありました。

「とんねるずのみなさんのおかげでした」（フジテレビ）で新潟のスキー場でのロケでした。水上スキー用のゴムボートでゲレンデを走行していたんですが、スピードが出過ぎたために、停止点をオーバーして腰を強打。腰椎骨折、全身まひでまったく動けなかったんです。現地の医者には、「これは、完全に車いす生活になります」とまで宣告されました。ちょっと冷たいというか、地方の町のお医者さんだったから仕方ないのかもしれません。

フジテレビもロケ中の事故ってことで問題になるため、搬送用の専用車を手配して、都内の慶応病院まで彼を運びました。長期の入院とリハビリのおかげで、やすはなんとか現場に復帰できました。

私はその間、当時の編成局長に長々と手紙を書きました。

「ずん」はまだ無名で、まったく世には出ていないけれど、復帰したあかつきには「おかえり、やす」という場をつくりたいと相方の飯尾も言っている。そんな内容をしたためました。

テレビ局としては、自らに非があるわけで、責められても仕方ない立場ではある。でも、手紙では、あくまで「お願い」という内容で書きました。

もちろん、「お前のところの責任だから、フォローしろ」といった内容は書きません。それをしてしまっては、関係が悪くなるだけで、誰にもいいことがありません。視点があくまで過去に焦点が当たっているだけで、未来に目が向いていません。

相手のミスを責めずに、要望もせず、あくまで「お願い」する。

私たちが進むのは過去ではなく未来。どんなときも、未来に目を向けた対応をしたいものです。

嫌なことから逃げてはいけない（川岸）

私はいくつかやらなければならない案件が複数あるとき、優先順位のつけ方として、「嫌なこと」から率先してやるようにしています。

誰もが嫌なことからは逃げ出したくなるのは当然の心理でしょう。しかし、嫌なことを後回しにしてしまっては、ますます嫌になって、さらに先延ばししたくなります。

この逃げようとする心の弱さを抱えていては、大成はしないでしょう。そして芸能マネージャーがそんな姿勢を見せてしまっては、タレントのやる気を損ねてしまいます。

それこそ、困難に身体を張って立ち向かえば、誰でも、

「このマネージャーの言うことなら聞こう」

という気になるでしょう。

嫌なことから逃げずに率先してやれば、見ている人は必ず見てくれて、認めてくれるものです。

こんな話を聞いたことがあります。

春から初夏にかけて、気候のいい時期に北海道に赴任したサラリーマンは大成しないが、晩秋から冬にかけて渡ると大成するというジンクスがあるようです。

これは、気候のいい季節に赴任すると、

「あぁ、いいところに来たな」

と気が緩んでしまいます。

しかし、冬の厳しい季節に赴任すると、

「うわ、大変なところへ来てしまったな」

と心が引き締まるから、というのです。

芸人でも長い下積みを経験してきた人間は、打たれ強い傾向があります。一方、下積み経験がないポッと出の芸人が、あっという間に姿を消してしまうケースが多いのも、そんなところと関係しているのではないでしょうか。

近年、なんでも効率化、コスパなどにこだわる人が多いようです。私のように、「嫌なこと、ある程度の下積みを経験することは、人間力を高める上でいい経験だ」と考えるのは、過去の世代の戯言と片付けられる——。このままだと、私たち人間の本質から離れてしまうのではないかと心配してしまうのは、私たち世代だけなのでしょうか。

芸能マネージャーこそ、暴れ馬を操る達人（川岸）

私は、息子にも「嫌なことから率先してやれ」と厳しく教えてきました。

息子が私のあとを追って、芸能界のマネージャーとして歩み始めたとき、私は自分のいる浅井企画にはあえて入れませんでした。

浅井企画は、ある意味居心地がいい事務所です。父親が幹部の会社となればなおさら。息子にはもっと厳しいところで修業させたかったのです。

そこで息子が修業したのが、大手事務所です。少しでも遅刻したりしたら、蹴りが飛んでくるような事務所でした。

たとえば、事務所は渋谷・恵比寿エリアにあるのですが、築地から会社に電話すると、「15分で戻ってこい」と言われるそうです。戻らないと、先輩に罵倒される。そこで、息子は首都高速をむちゃくちゃ飛ばすわけです。交通違反で何回捕まったことか。私も警視庁まで呼ばれて、「息子さん、ちょっと頭おかしいんじゃないですか」と言われるぐらい違反をやりましたね（笑）。

私としては、息子には事務所の厳しさのみならず、タレントの接し方や取り扱い方も外で学んでほしいというねらいもありました。

タレントは個性的な人が多いこともあり、正直ワガママでできています。ハンドリングするのが大変な人がいるのも事実です。

息子が担当したタレントの中にはハンドリングが大変な人もいたようで、飲み物の好みから細かいお世話まで、経験を通じていろいろ教えてもらったようです。たとえパシリみたいな存在のマネージャーでも、なんとかしてタレントを導く。それが肝心なんです。息子本人は、そのときの経験は今でも生きており、とても貴重な経験だったと言っています。

その話を聞いて、やっぱり私がいた浅井企画ではなく、違う事務所に入れて良かったと思っています。

＊

でも、なかには雲上人というか、ものすごいタレント、それこそ「才能」だな、言ってみれば、「天才には黙って言うこと聞いてついていけばいい」というケースもあります。

それが、欽ちゃん（萩本欽一）です。

日光江戸村で、屋外の舞台でイベントをやろうとしていたときの話です。

突然、欽ちゃんが「舞台を少し、こっちに移そう」と言い出したんです。

理由はわかりません。ただ欽ちゃんの言うことだから、みんな従うしかないので、指示どおりに移動しました。

そして舞台を移動させたところ、崖の上から大きな岩が、舞台が元にあったところへ落ちてきたのです。

もし、あのままの位置に舞台があったら、大惨事になっていたはずです。

もっとすごいことがあります。

２０１１年3月10日。そう、あの東日本大震災の前日のことです。欽ちゃんが、

「浮き輪を買ってきて」

と言い出しました。

それも理由があってのことじゃありません。なんとなく浮き輪があるといいみたいな感じで言うわけです。

あの大津波をなんとなく予感したんだろうと思うのです。

もうここまで来ると、天才どころか、その上をいっているかもしれないですが……。

こういう人間には、黙ってついていくしかないですよね（笑）。

多くの職種、仕事がある中でも、芸能マネージャーという仕事は、人間を扱う、相手をより良い方向に導く上で、一番鍛えられる仕事だと思います。

一線を越えた「ワガママ」は、断じて認めない（川岸）

どこまで相手に合わせるか、相手の言い分を認めるか、そのさじ加減は非常に難しいものです。マネージャーもタレントのワガママをどこまで認めるかが、大きな勝負になってきます。

タレント側も、どこまで「自分の我」を貫き通すか。そこで一流の人間と二流以下の人間に分かれます。

ずっと鳴かず飛ばずだったのに、ある先輩芸人との出会いがきっかけで売れっ子になったRというタレントがいます。

何十年も続けている浅井企画主催の定例の舞台があります。その舞台は、所属タレントが基本的に出ることが方針になっています。まだ鳴かず飛ばずだったRは、目をかけてくれた先輩芸人に引き上げてもらい、この舞台を通じて、ラジオに呼ばれ、だんだんテレビにも出始めて、次第に売れるようになっていきました。

Rが売れっ子タレントとして、ある程度お茶の間にも浸透した頃のことです。

Rが新幹線のなかで酔っ払って、「もう、こんな舞台辞めたい！」と暴言を吐いたのです。どうやら当時の担当マネージャーに吹き込まれたことも影響しているらしいですが、その話を聞いたとき、最近のRの勘違いした横柄な言動や態度が気になっていた私は、「これは看過（かんか）できんな」と思いました。

そこで後日、私はR宛てに次のような内容を記した手紙を書いたのです。

「君は、こんなスモールジャパンのちっちゃい国でやっていくより、もっとグローバルな世界へ行ったほうがいい」

こうして、Rは担当マネージャーとともに、事務所を去っていきました。かつて自分を引き上げてくれた恩のある先輩売れっ子タレントとも、下積み時代からの長い付き合いがあったのに……。

Rの担当マネージャーの存在も影響しているかもしれませんが、筋を通さない自己主張のやり方は、やはり認めるわけにはいけません。

仁義や筋を通さないワガママや主張は、時代、業界を問わず許されません。なぜなら、仕事は自分一人ではできません。まわりの人たちのお力添えがあって、成り立つものなのですから。

どこか驕り（おご）があったとき、人は次第に離れていきます。つまり、仕事ができなくなります。どんなに偉くなっても、どんなに売れても、どんなに今、調子が良くても、驕りは禁物です。

タイプを見極めて組み合わせる（川岸）

ある飲食店チェーンの話です。

新規店を出すときに、血液型でいうならA型、B型、O型、AB型、さまざまなタイプを混ぜて人選するそうです。

血液型と性格の関連性についてはさておき、違うタイプで組織をつくるという点においては納得できます。

「悲しむときは、みんなで悲しむ」「落ち込むときも、みんなで落ち込む」

これでは、組織はうまく回らない。バランスがうまく取れてこそ、組織はうまくいくというのです。

これは、タレントとマネージャーの組み合わせでも、同じことがいえます。

大ざっぱに分けて、マネージャーもタレントも、ディフェンス型（防御型）とオフェンス型（攻撃型）のタイプがいます。

マネージャーでディフェンス型というと、たとえばタレントが「もう、この仕事はやりたくない」といえば、その意を汲んで仕事から降りる方向へ持っていく。ここでオフェンス型のマネージャーなら、代わりの仕事を取ってくるんですが、ディフェンス型マネージャーにはそこまでの能力はありません。

オフェンス型のマネージャーとオフェンス型のタレントが組むと、必ずといっていいほど衝突します。人間関係が嫌で事務所を辞めたりするのは、これに起因するケースってけっこうあります。

タレントとうまくいかないとき、渡辺プロやホリプロといった大手は、人事異動で対処するんでしょう。しかし、私がいた浅井企画のように規模が小さいと、そうもいかないケースが出てきたりします。

だから、どちらのタイプかを見極めて、タレントとマネージャーをうまく組み合わせるようにしていました。この経験は、私の人を見抜く目を鍛えられたといえるかもしれません。

いざというときには、身体を張ってでも守り通す（川岸）

Ｋ・Ｍの「駆け落ち」についても触れておきます。

１９７８年にＫが、妻子あるベーシストとニューヨークに高飛びしてしまったんです。レギュラー番組を持っているさ中で、しかもテレビＣＭの撮影を終えたばかりのときでした。

事務所としては、これで終わりかというくらいの損害賠償額になったわけです。そのとき、私は頭を丸めて、あちこちに頭を下げに行きました。だから、億単位の損害賠償額が10分の１程度に収まったのは、先述したとおりです。逃げることなく誠意を持って当たったからこそ、その程度で済んだわけです。

ただ、それでも当時の浅井企画ではとても耐えきれないくらいの賠償額が重くのしかかっていました。

その大ピンチを救ってくれたのが、欽ちゃんでした。

浅井社長と私の2人で、欽ちゃんのところに相談に行ったのです。お叱りを受けると思っていました。「なんてこと、してくれたの」とか。

ところが、欽ちゃんは、まず私たちのことを気遣ってくれたんです。

欽ちゃんの口から出た第一声が「身体、壊さないでよ」。

そして、「ボク、コマーシャルやるから」と提案してくれたんです。

欽ちゃんは当時、CMの仕事は受けない主義を貫いていました。ただ、そのときばかりは、事務所のために何本も引き受けてくれたのです。そのおかげで、浅井企画は最大のピンチを切り抜けることができました。

今の時代と違って、タレントもマネージャーも、今よりずっと熱く、情も篤かったと思います。そして、K・Mを責める人間は、誰一人としていなかったことは言うまでもありません。

ここ一番では、勝負をかける（川岸）

芸能マネージャーをやってきて、頭を丸めたのはK・Mの逃避行のときの他に、もう1回あるんです。藤圭子を後押ししようとしたときです。

1971年の年も押し迫ったとき。当時、藤の人気に陰りが出始めていました。私が藤のマネージャーをやり始めて3年目のことでした。

それまで所属していたプロダクションの社長兼作詞家が藤の歌を書いてくれていたんですが、ここは勝負どころだと、阿久悠さんと猪俣公章さんのコンビに藤の曲をつくっていただきました。「京都から博多まで」というすばらしい曲です。最強の武器は揃いました。これで盛り返そうと意気込みました。

当時、玉置宏さん司会の歌番組で「ロッテ　歌のアルバム」（TBSテレビ）という番組があり、そこに押し込もうと考えました。同番組には「今月の歌」というコーナーがあり、そこで新曲紹介をしてもらおうと目論んで12月31日の深夜、その番組のプロデューサーの家に押しかけました。頭を丸めて。

「明けましておめでとうございます」

と挨拶したのですが、向こうは丸刈りの頭を見て驚きますよね。「どうしたの!?」って。

「実はお願いがあってまいりました。『ロッテ　歌のアルバム』で、藤の新曲を紹介してもらいたいんです」

プロデューサーには新曲を気に入ってもらって、希望どおり番組で紹介してくれました。

曲も良かったには違いないですが、深夜に丸刈りの頭になって挨拶に行ったという熱意と本気度が通じたと思っています。

やはり、ここ一番の勝負どころでは、それこそ身体を張って押しまくる強引さも必要なんです。そうは言っても、今の若いマネージャーの多くはそこまでやらないかもしれないですが、本気度を伝える上で、ネットやメールが全盛の今ならなおさら、熱意が伝わりやすい方法の1つだと頭の隅に置いてくれる人がいることを願っています。

これからの芸能事務所のあり方、マネージャーの役割（川岸）

東大の現役生が2人、お笑い世界に入りたいと事務所にやって来たことがあります。いろいろ話をしているなかで、1つ気づいたことがありました。

東大に入ったくらいだから優秀なんです。ただ、それ以上に、いい環境で育っていることでした。

いい環境で勉強して、渋々高校へ進学した。高校に入学したら、先輩たちがみんな東大を目指して頑張って勉強している。「ああいう先輩になりたい、真似したい」という理由で、東大を受けて合格した。彼らは、楽しんで勉強していたわけです。

私は、思いました。

タレントをつくるには、そういった環境をつくってあげるべきなんだ、と。ネタづくりも苦しんでつくるより、楽しんでつくれるような環境にしてあげるべきだ。それが、芸能事務所の存在意義であり、マネージャーの役割でもあるんだ、と。

その点に関しては、これまでちょっと足りなかったかもしれません。

今後の芸能事務所のあり方、マネージャーの役割について、新たに勉強した気持ちです。

まだ光の当たっていない才能の原石に、とにかくチャンスをつくる（川岸）

最近、テレビなどで露出が増えているお笑いタレントにイワイガワの岩井ジョニ男がいます。

元々はタモリさんの付き人をやっていて、「笑っていいとも！」（フジテレビ）では「テレフォンショッキング」コーナーのポスター貼りなどをやっていて、テレビ画面の片隅にちょこちょこ出ていた程度でした。

「さんまのお笑い向上委員会」（フジテレビ）という番組がスタートするという話があり、私は岩井ジョニ男を連れて、挨拶を兼ねて見学に行きました。

別に出演者でもなんでもないから、私とジョニ男はモニター脇で見学していました。そうしたら、何かのきっかけでジョニ男が呼ばれたんです。それが縁となり、いつの間にかレギュラー出演するようになりました。

チャンスはどこに転がっているかわからないという典型例です。

以来、しばらくの間、私は毎週さんまさんに直筆の手紙を書いていました。さんまさんがおもしろがるような、たとえば、岩井ジョニ男の情報とかを提供してやるわけ。聞くところによると、さんまさん、私の手紙をけっこう楽しみにしてくれていたみたいです。

それが関係しているかどうかわからないですが、「お笑い向上委員会」には、浅井企画所属タレントが多く出演しています。さんまさんが所属する吉本興業のタレントがやっかむくらいに（笑）。

母親の目線で見守る（鶴間）

芸能マネージャーとして人を育てるのが見事だと思ったのは、ＳＭＡＰを育てあげた飯島三智さんが真っ先に思い浮かびます。

ジャニーズ事務所が発掘して、飯島さんにＳＭＡＰを預けて、そこから育てるパワーはとてつもないものを感じます。私が「夢がＭＯＲＩＭＯＲＩ」「ＳＭＡＰ×ＳＭＡＰ」（フジテレビ）の放送作家をやっていたこともあり、そのエネルギーを間近に感じていました。

彼女は、まさに6人（当時のメンバーは、中居正広、木村拓哉、稲垣吾郎、森且行、草彅剛、香取慎吾）のお母さんでした。

当時、新宿・河田町にフジテレビがあったとき、まだ中学生・高校生だったＳＭＡＰメンバーに、

「じゃあ、明日、四谷三丁目の駅出たところで集合ね」

とか言っているシーンを見かけたのは今でも記憶に残っています。

いわば、6人の乳飲み子それぞれの個性や趣味嗜好を把握しており、メンバー揃っての仕事はもちろん、メンバーそれぞれに向いている個々の仕事を探してきて、マネジメントしていました。

「個性や趣味嗜好を把握する」とさらっと言葉にすると簡単なように思えますが、個々の個性や趣味嗜好を把握するためには、家族並みの信頼関係を築いていなければ、そう簡単に把握することなどできません。

飯島さんは、SMAPを売り出すために各テレビ局の番組プロデューサーや編成マンたちとも上手にコミュニケーションしていたようです。ご承知のとおり、メディアとの関係構築も、マネージャーの重要な仕事です。

飯島さんは、プロデューサーの目線を持って、6人をドラマ班（木村、稲垣、森）、バラエティ班（中居、草彅、香取）の2つに分けて、タレントがどの方向に向かうべきかを定めました。

木村、稲垣は、フジテレビの月9の枠のドラマに出演（森はプロレーサーの道へ）、中居、草彅、香取は、「笑っていいとも！」のレギュラーになりました。そして、「SMAP×SMAP」を20年続け、国民的アイドルとなったことはご承知のとおりです。

それほどSMAPを育てあげた飯島さんの力量はすごいものがありました。

「母親の目線で見守り育てる」

口で言うのは簡単ですが、その実践の裏には、多くの労力と時間、気遣い、知恵、スキルなどをフル動員していることを忘れてはいけません。

第2章

人の才能を見抜くコツ

「アドリブ力」を試すテスト（鶴間）

小堺一機の話術は、突出した才能が光ります。その機転の利かせ方、瞬発力は並大抵ではありません。

発想が柔軟で、小堺一機のように次々と言葉が浮かんでくるコミュニケーション能力は、そう簡単にできるわけではありません。

だから、タレントって難しいんですよ。お笑いをやりたい人は多くいても、みんな引き出しが意外と少ないんです。

欽ちゃんは「大学を中退したくらいの、ガッツある奴くらいじゃないとダメだ」と一時期言っていました。「高校しか行っていない」というと、「どうしてもボキャブラリーに限界がある」と。「大学受験にチャレンジするだけで、ボキャブラリーが広がる」というんです。

「欽ちゃん劇団」の入試問題の第1回目は、それこそ大学受験くらいのレベルでした。劇団員志望の受験者は3000人ほどいましたが、みんな面喰ったんじゃないでしょうか。

私は途中から入試問題作成にかかわりました。

たとえば、こんな問題です。

昨日から現在の心の中を四字熟語で表現してください。

Q①「昨夜12時に、頭のなかに思ったことを四字熟語に」→□□□□

Q②「朝起きた瞬間を四字熟語に」→□□□□

Q③「家からこの試験会場に来るまでの気持ちを四字熟語に」→□□□□

Q④「今、この問題を解いている気持ちを四字熟語に」→□□□□

満足のいく回答はほとんどありませんでした。「無我夢中」とか「暗中模索」とか「五里霧中」とか「四苦八苦」とか、わずかに既存の四字熟語はありました。でも、既存の枠を飛び越え、アドリブで四字熟語を創作した志望者はほとんどいませんでした。

たとえば、私が望む解答をいくつか挙げてみます。

A①「合格希望」②「合格切望」③「合格懇願」④「合格笑顔」

B①「焼肉定食」②「焼魚定食」③「煮魚定食」④「角煮定食」

C①「萩本欽一」②「萩本先生」③「萩本師匠」④「萩本欽様」

他には、

Q「今の総理大臣（当時は小泉純一郎首相）に何かひと言」

なんて問題もありました。

私が望む解答を挙げてみます。

「総理のイスの座り心地。10点満点で何点ですか」

「最近見たおすすめの映画教えて！」

「犬に似ているって、言われたことありますか」
「今度ランチしましょう！　国会議事堂の食堂で！」

などなど。

ウイットに富んだ回答を期待したんですが、残念ながら「コレは！」という名回答はありませんでした。

「固定概念を壊す」ぐらいのものが理想的ですが、「固定観念を壊す」と言っても、まったく新しいものでなくてもいいんです。ちょっとの「ズラし」でもいい。

ただそれが難しい。センスの問題でもあるんですけれど。

私は、タレントのみならず、アドリブ力がある人間こそ、どこの世界でも抜きん出ると思っています。頭の柔軟性、瞬発力ですよね。

才能の見つけ方（鶴間）

芸能界では、まず欽ちゃんが、「若手芸人や俳優の発掘と育成」に実績を残していますよね。

そのいの一番に出てくるのが、柳葉敏郎です。

秋田県出身の柳葉は、東京で一旗揚げようと、浪人時代にまずオーディション番組の「スター誕生！」（日本テレビ）に応募。そこではあえなく落選するんですが、そのときの司会がたまたま欽ちゃんでした。

ただそのときは、特に縁ができたわけではありません。

その4年後。

今度は、「欽ドン！　良い子悪い子普通の子おまけの子」でオーディションをやったとき、柳葉がまたオーディションを受けに来ました。

オーディションが終わって、受けた人を帰した後、誰を採用するか決めかねているとき、欽ちゃんが次のようなことを言い出しました。

「オーディションが終わった後にさ、何の予定もなく真っすぐ家に帰っているヤツを採用しよう」

「そんな寂しい奴に、何かいいことがあっていいじゃない」

「そのまま遊びに行っている奴は、もうタレントにはならない」

そこでスタッフが家に電話して、真っ先に電話に出たのが柳葉でした。

……というのが定説になっているんですが、実は、欽ちゃんはよくオーディションのあとに「誰々を呼び戻して」って言い出すことがあるんです。

ですから、そのときもスタッフは、そんなことを想定してオーディション参加者のなかから特に有望な数人ほどを別のスタジオの一室に待機させていました。

想定どおり、欽ちゃんから「今、家に電話している奴が合格！」という指示がありました。

そこでスタッフが、待機させていた候補者のうち柳葉を選び出し、

「電話をかけて最初に出たのが柳葉」

ということにしました。

結果、柳葉は、オーディション帰りに遊びにも行かず、まっすぐ下宿に帰った律儀な男ということで、見事合格となりました。

その後、「欽ドン」をステップに役者として大きく羽ばたいたことはご承知のとおりです。

その経緯はともかく、欽ちゃんの人の発掘のやり方は独特のものがあります。たとえば、欽ちゃんは、まさに仕事の勝負時(しょうぶどき)というときに、そちらに向けるべき運を恋愛でうまくいっている人間は、運を使い果たしているという考えの持ち主なんです。

柳葉の一件には、後日談があります。

長年、欽ちゃんは真相を知りませんでした。ただ違和感を抱いていたらしく、30年後くらいに当時のディレクターに問いただしたのです。

ディレクターは「もう時効ですから」と真相を打ち明けました。

真相を聞いた欽ちゃんは、怒ることなく、

「真相は違っても、柳葉の持って生まれた運は変わらない」

「柳葉は最後までスタッフとの約束を守って、ボクに真相を話さなかった。律義で本当に男らしい」

と柳葉を評価しています。

誠実さがあるという一面においても、彼を押し上げる要因の1つになったのではないでしょうか。

才能の片りんは、人の想像を駆り立てる（鶴間）

いずれ大成する人間は、若い頃から、それも小さい頃から、どこかに光るものを持っているものです。

先述のＳＭＡＰの草彅剛や木村拓哉もそうでした。

欽ちゃんのオーディションで、小学校６年生だったか中学１年生だったかの草彅に欽ちゃんが質問したんです。

「剛クンか、キミは何色が好きなの」

草彅の回答は、

「青空の青」

というものでした。

普通の子どもだったら、ただ「青」とか「赤」と答えるでしょう。

欽ちゃんにいわせると、

「聞いた人間が、頭の中に絵が浮かべられるような表現ができるのがスターだ」

というんです。

「青空の青」というと、受け手がそれこそ「真っ青」を思い浮かべられるわけです。

木村拓哉も同じようにすばらしい感性を感じさせる受け答えをしていました。

「好きな食べ物は？」という問いに
「お母さんがつくるお稲荷さん」

という回答をしたんです。

単に「お稲荷さん」という回答だけだったら、単品で皿に載っかったお稲荷さんの絵しか思い浮かびません。

ところが、「お母さんがつくるお稲荷さん」といえば、いろいろ想像力が広がります。木村が小学校の遠足へ行って、そこでお弁当を広げたら、そこにお稲荷さんが入っていた。「木村クンは笑顔でお稲荷さんをほおばったのかな」とか、「運動会のお昼休みに家族みんなでお弁当を開けたら、お稲荷さんがびっしり詰まっている」……、そんなシーンが想像できます。

「そこまで言えるのは大スターだ」というわけです。

欽ちゃんも、「スター誕生！」のときから「オールスター家族対抗歌合戦」まで、子どもたちを何十年もインタビューしてきていますから。才能を発掘する目は確かです。

ツキのないヤツこそ、伸びしろがある（鶴間）

欽ちゃんは、おもしろい発想をします。

お休みの日にゴルフに行ったとします。そこで大雨が降って中止になったり、小雨で決行になったりすると、大喜びするんですよ。

なぜか？

「遊びで運を使ったりしたら、遊びのほうに運が行っちゃって視聴率が下がる」というんです。遊びで、運を使い果たしたくないという発想なんです。

天気がすごく良かった、ゴルフのスコアもとても良かった。そんな楽しかった日の翌日や翌週の放送の視聴率は良くないに違いない。そんなに良いことは全部ないと考えるのです。

欽ちゃんに言わせると、「運には配分がある」といいます。

仕事運、勝負運、恋愛運。

「この3つの運のバランスに気をつけろ」と注意していました。だから、恋愛に夢中になっていると、仕事運も勝負運も、そっちに持っていかれてしまう、というわけです。

「欽どこ」(「欽ちゃんのどこまでやるの！」「欽ちゃんのどこまで笑うの⁉」※いずれもテレビ朝日系) のプロデューサーは、欽ちゃんの運の考え方を正直に受け止めて、自分が結婚したことを報告できなかったというエピソードがあるくらいなんです。その話をあとで聞いた欽ちゃんは、「バカだね！ 恋愛とは違って、結婚はギリギリセーフだ」といったんですけどね (笑)。

「欽どこ」で一時期、視聴率が少し落ちてきた時があり、欽ちゃんが「恋愛に夢中で、仕事に身が入っていないスタッフがいる」と、その人を「欽どこ」から外したという話がありました。

前述した柳葉をオーディションしたときに、「そのあと遊びに行くことなく、寂しく家に帰った奴をデビューさせる」としようとしたのも、その「運」の配分を考えたからでしょう。

なぜマイナス思考の人に幸運が舞い込まないのか？（鶴間）

欽ちゃんは、タレントや放送作家などのエンタメ人材を数多く育ててきました。パジャマ党・サラダ党（欽ちゃんの放送作家集団）しかり、脚本家の君塚良一しかり、欽ちゃんファミリーしかり。その大きな傘のなかで、私を含めた仲間たちは、温室で育ったようなものでした。

だから雨はなんとか防げるわけです。

ところが、横殴りに吹いてくる風だけは避けようがありません。

そういうとき、欽ちゃんは、

「風に向かって怒ってはいけない」

って、真顔で言うんです。

むしろ「風をほめよう」って発想です。

「風が吹いているからこそ、タンポポの種が飛んで、いずれ花を咲かせる」

何事にも前向きなんです。

いますよね、何事にも後ろ向きでマイナス思考の人。

「私、どうやって死ぬのか不安だ」

とか考えても仕方ないことで悩むような人。

あるいは、失敗をいつまでも引きずる人とか。

欽ちゃんは、そういったマイナス思考を嫌がります。

そんなマイナス思考な人と一緒にいる、まわりの人間まで暗くなってしまいます。

欽ちゃんは言います。

人生なんて、突き詰めれば不安でいっぱいなものです。そこをいかに前向きにとらえるかで、幸運が舞い込むかどうかの分かれ目なんだ。マイナス思考にとらわれる人は、知らず知らずのうちに幸運を逃している、と。

タレントで売れる人、売れない人の違いとは？　長年放送作家として従事し、多くのタレントを見てきた身でいえば、マイナス思考にとらわれていない人といえるかもしれません。

素直に人の話を聞けるか（川岸）

芸能界で一旗揚げようなんて人間は、人一倍プライドが高いものです。

たとえば、歌手志望でやってきたり、役者志望でやってきたりする若手がいたとしても、お笑いの道に進んだほうがいいと思えるケースが多々あります。

そこは、マネージャーがうまくコミュニケーションをとって、いい方向へ導いてやれるかどうかが問われます。

一方、アドバイスを受ける若手タレントの資質も問われます。

変にプライドが高すぎる人間は、頑として人の意見に耳を貸そうとしません。そんな人間は、やっぱりなかなか伸びにくい。

どうしても譲れない一線はどんな人間にもありますが、まず素直に人の話に耳を傾ける姿勢がないと、どんなに才能があっても開かずに終わってしまいます。

小堺一機は、大学在学中に「ぎんざＮＯＷ！」（ＴＢＳ系列の情報バラエティ番組）の「素人コメディアン道場」で第17代チャンピオンとなって芸能界入りしました。彼は当初、役者をやりたくてしょうがない気持ちでいっぱいでした。そこで、勝新太郎が主宰する映画セミナー「勝アカデミー」の門を叩くわけです。

でも、小堺の抜きん出ているところは、その話術。

だから、

「役者もいいけど、まずキミの最大の武器は話術だから、そこで成功すればお芝居の道も開けるかもしれない」

とアドバイスしてやりました。まだ小堺も若かったから、素直に受け入れてくれました。結果、彼は話術でテレビやラジオで才能を開花させ、役者としてもドラマや舞台に出る活躍ができているのはご承知のとおりです。

同じような話は、他の事務所のタレントでも耳にします。

福山雅治の話は有名なので、ご存じの方も多いと思いますが、彼は元々ミュージシャン志望で長崎から上京してきました。ただ、すぐにミュージシャンとしてデビューしても埋もれてしまう可能性がある。

そこで、所属したアミューズの大里洋吉さんが、

「そのままじゃ売れないから、まず俳優をやってみろ」

と説得したといいます。

結果として俳優としてブレイクして、歌手としても成功しています。

これも、福山本人が事務所側の提案に素直に耳を傾けたからこそです。

事務所やマネージャー側の慧眼（けいがん）とともに、本人の素直さ。これが掛け算されたとき、化学反応が起こり、才能が爆発する。

これは、子育てにも部下の育成にも通用する考え方だと思います。

「ヒラメキ」が出る人がやっていること

（鶴間）

よく「夢を持て」とか、「目標を掲げろ」とか言われます。「成功をつかむには、目標を立てて、それに向かって突き進め」と。

それは確かに当たっていると思います。

どういうことか？

たとえば、欽ちゃんとアイデア出しをやっているとき気づいたんですが、「ヒラメキ」って、常人にはないんですよ。「ヒラメキ」が求められたとき、すぐその場で出るものではありません。

欽ちゃんはその「ヒラメキ」を見せるときがありますが、でもそれは、普段からずーっと考えているから。日々の積み重ねのなかから出てくるのです。

欽ちゃんには何十本ものアンテナが立っているのです。人間観察力は尋常ではありません。

さらに本を読んだり、スポーツ中継を観たり、ニュースで世の中の動きを見たりとか、そういうときにヒラメキの元になるものを拾い集めています。

ちゃんと「夢を持っている」「目標を持っている」人は、無意識のうちにアンテナを張り、その元となるものを集めています。

欽ちゃんみたいにずーっと考えている人も、そうやって拾い集めている。

でも、何も考えていない人には、そのようなヒラメキは99％ない。せっかく毎日、成功のネタがゴロゴロ落ちているのに、普通の人は拾おうとしないだけ。

自分の家から駅へ行く途中に、玄関先や庭や公道の植え込みに、いくつ花を見つけられるか、いくつの笑い声が聞こえてくるのか。そうやって私は毎日、自分で何かを探しています。

その毎日、ゴロゴロ落ちていっているものを無意識のうちにでも拾っている人間こそが、才能を開花させるのです。

「我」を押し通すためのルール（川岸）

第1章で一線を越えたタレントのワガママを許してはならないと書きました。しかし、成功するには、ある程度「我」を持つことも大切です。それは、「筋を通す」という意味でも重要です。

「我」を押し通しても、私のなかで許せたのがK・M。本人がとてもいい子だったというのもありますが……。

彼女は、16歳でデビューしてわずか21歳で引退しています。実働ほぼ4年。それでもあの当時をよく知っている人間にとって、彼女の印象は強く残っているらしい。それだけ透き通るような美しさがありました。歌手としてデビューしたのはいいけれど、レコードの売り上げはあまり伸びない。その一方で、ブロマイドが飛ぶように売れるという不思議な状況が生まれていました。

さらなる飛躍を遂げたのが、映画「野球狂の詩」でヒロインを演じてから。ただ、この映画に出演するに当たっては、すったもんだがありました。

ヒロインはKが演じることにほぼ決まっていたんですが、タテマエとしてオーディションで決める段取りになっていました。

ところが、あらかじめKに決まっているという話がKの耳に入ってしまったのです。

Kは、「私はそんなイカサマは、嫌です」と頑なに拒否。説得するのに大変でしたが、それだけ純粋でいい子でした。

だから後年、彼女がまたひと騒動起こしたとき、ずいぶんまわりは迷惑を被りましたが、あまり彼女のことを悪く言う人間はいませんでした。

Kの代表作の1つであるドラマ「刑事犬カール」の撮影時、助監督がベテランの俳優に無礼な態度を取ったときです。彼女は怒り出して、

「私、許せない！　こんな現場にはいられない」

と撮影現場を放り出して帰ってしまいました。

「正しいことを正々堂々と言う」

一本筋が通っているので、誰からも愛されていました。それもタレントにとって大事な資質。

ビジネスの世界において、自分で正しいと思っていること、おかしいと思ったことは、忖度せずに正々堂々と言う。言ってしまったら、もしかしたら今の環境や組織で生きていけないかもしれない。でも、ちゃんと筋を通して、我を押し通す。これができる人は、どんな世界でも人に愛される人だと思います。

最適な後継者を「発掘」する（川岸）

大物女優の米倉涼子が、所属していたオスカープロモーションを辞めて、独立しました。オスカープロモーションは、米倉だけでなく剛力彩芽や福田沙紀といったタレントの退社が相次いでいます。いろいろ噂が飛び交い、週刊誌にも取り沙汰されましたが、1つには創業者のカリスマ・古賀誠一会長の跡を継いだ人に問題があるようです。

古賀会長のお子さんは一人娘、その娘婿がもともと業界の人間ではない。業界を知らないだけでなく、横暴ぶりを発揮しているらしく、つまり、パワハラなんかもあるんでしょう。それに嫌気をさしたスタッフが次々と辞めていると聞きます。業界の外から来た人間は、少なくとも業界内を知るまでは、ある程度謙虚じゃなければなりません。

同じようなケースに、かつてフジテレビの「クーデター」がありました。フジテレビも同じような構図でした。鹿内家の婿養子に入った日本興業銀行出身の鹿内宏明も、業界を知らなかったこともあって評判は悪いものでした。

その点、後継者をうまく育てたのがホリプロの創業者・堀威夫さん。その跡継ぎ育成は見事でした。２０２０年６月には、ファウンダー最高顧問から勇退、第一線から完全に退きましたが、息子を後継者にうまく育て上げました。

男の子が２人いたけれど長男を大手広告代理店の電通に入れて、次男をニッポン放送に入れました。他人の釜の飯を食わせて、じっくり２人の資質を見極めました。長男は人がかかわらないような別会社の社長に据えて、次男を後継社長に指名しました。帝王学を叩き込んでいたようです。

知り合いの事業継承に詳しい経営コンサルタントも、二代目に社長の座を譲るにしても現場で徹底的に鍛えなければならないと言っていました。やはり、苦労させないと、モノになりません。しかも、堀さんは、すぐに息子に継がせたわけではありません。小田という創業時からいた人間をワンポイントで社長に据えています。

しっかり資質を見抜くことも大事です。

常識を知らずして、笑いも新しいことも生み出せない（鶴間）

私は、「98対2の法則がある」とつくづく思っています。

98はテレビを見ている人、2はテレビに出ている人。あるいは、歌手だったら98は観客席の人、2はステージに立っている人です。

漫然と何も考えていない人は、98のなかにいます。

私はテレビ番組をつくる側にいるので、2のほうにいます。しかし、98のなかにも行けるわけです。自由に行き来できるけど、98のほうの人は、2には来れません。だけど、98は2に対していろいろ教えてくれます。2のなかだけで考えていると、単なる異質なものでしかない場合もあります。

そこで求められるのが、まず「常識をわきまえる」ことです。98のなかの人の多くは常識とルールのなかで生きている。でも、2のなかの人は、そこから常識から外れたことも考えなければいけません。

「お笑い」がその典型です。お笑いは常識を少しズラしたところに生まれます。お笑いは、常識は、いわゆるベタな感じで、正直おもしろいものではありません。お笑いは、その常識を破ることにあります。常識から少しズラしたところに「お笑い」が生まれるので、常識を知らなければ、そもそもズラすこともできません。

欽ちゃんは、ルールや常識をよく知っていて、そこから少しズラしてお笑いを生み出しています。

昔、欽ちゃんのテレビ番組で「欽ちゃんのドンとやってみよう!」(フジテレビ系)という番組があり、前身の「欽ちゃんのドンといってみよう!」(ニッポン放送系)のラジオ番組がありました。

視聴者がつくったハガキのネタで成り立っている番組ですが、そこで採用される投稿は、みんな「ズラし」から生まれる笑いなんです。

たとえば、コーナーには「ドジなやつ」「ああ、勘違い」「おき手紙コント」なんてものもありました。

採用されたハガキを2つほど紹介します。

◎ドジなやつ

「土俵狭しと暴れる、ドジな行司」

◎おき手紙コント

「ちょっと散歩に行ってきます。
1年ほどで帰ります。
住職様へ
奈良の大仏より」

お笑いの質は時代とともに変わるので、今の若い人に伝わるかどうかわかりませんが、こんな調子です。いずれも「ズラし」によるお笑いネタです。

単なるズラしで最も簡単なのが、ダジャレです。

しかし、欽ちゃんのお笑いの辞書のなかに、ダジャレと下ネタはありません。

これは、師匠の東ＭＡＸのお父さん東八郎さんが、浅草でよく言っていたことなんだそうです。

「下ネタとダジャレは、素人にあげたものだ。だから、プロがやるべきではない」

つまり、98の人にもできることだから、２のほうのプロがやるべきじゃない、と。

これは東さんの理論であって、別に笑いが取れれば下ネタでもダジャレでもいいわけです、やってはいけないというルールはありませんから。欽ちゃんは、ただ東さんの教えに賛同して、頑なに守り通しているだけです。そのほうが、人と違う自分の笑いが見つけられると思ったのかもしれません。

何はともあれ、時代を問わず、常識を知らない人に、笑いを生むことはできません。常識を打ち破ることで、笑いが生まれるのですから。

クリエイターだって同じです。常識がベースにあっての新しい創造です。

「はしの持ち方」がなっているか（鶴間）

インタビュー記事だったか、欽ちゃんが人の見抜き方で「はしの持ち方」を見ると話していたことがあります。「コメディアンになりたい」と弟子入りを志望する若者がよく来るんだけど、その人となりを見るとき、一緒に食事をとってみると言います。

そのとき、欽ちゃんが特に目をつけているのが、はしの持ち方。

はしの持ち方もそれぞれあって、持ち方が悪いと運が悪くなるといった問題ではなく、その人の性格や家庭環境がわかる、と。

はしの持ち方は、親が最初に教えるしつけです。

親が、

「こうして、おはしを持つんだよ」

と教えて素直に聞く人間、聞かない人間がいます。

親の言うことを素直に聞くのがいいか、悪いかは別として、「コメディアンになりたいと思う人は、はしを上手に持てる人に限る」というのが欽ちゃんの考え方。上手にはしを使える人は、先輩や師匠、その他、舞台や映画でも、吸収力が強い傾向がある、と。

はしの持ち方に、その人間が人の話を素直に受け入れるかどうかが表れる。妙に納得がいく考え方です。

自分は謙虚に、相手をリスペクトする（川岸）

タレントになってテレビやメディアに出ようという人間は、おうおうにして「自分が！」という気になっています。「他人を蹴落として」とまではいかなくても、「自分が、自分が」と前に出たがるものです。

しかし、いかに共演者や相方を立てられるかという点は、中長期的に見ても、非常に大事になってきます。

謙虚さがないと、自分が置かれた立場が見えなくなり、周囲から浮いてしまうようです。たとえ本人に実力があったとしても、次第にスタッフや共演者に疎まれるようになります。そうなると、いくら実力があったとしても、人気に陰りが見えたとき、誰も助けてくれなくなるものです。

お互いにリスペクトし合っている好例が、コント55号（萩本欽一と坂上二郎のお笑いコンビ）です。

二郎さんは欽ちゃんより7歳年上でしたが、「欽ちゃんは天才だ」「欽ちゃんはボクの師匠だ」「ボクは欽ちゃんの一番弟子」というわけです。

二郎さんにしてみれば、欽ちゃんと出会ってコント55号を結成してブレイクしたから感謝の念も強いのでしょう。

一方、欽ちゃんは二郎さんを「名人の上がいた」と評しています。

お互いにリスペクトし合っているんです。

仕事に対する取り組み方は正反対。二郎さんは番組が終わるとさっさと帰ってしまいます。一方、欽ちゃんは番組が終わったあと、二郎さん抜きで、延々と反省会です。お互い違うスタイルながら、認め合っているんです。

7歳年上の二郎さんが〝大人〟なんでしょう。映画のポスターを見ても、萩本欽一、坂上二郎の順で名前が出ています。これは推測ですが、二郎さんのほうが「欽ちゃんのほうが先に名前を出しなよ」と一歩下がっていると思われます。

お互いそういった謙虚なスタンスがあるから、スタッフにも愛され、長い期間にわたって人気を維持し続けることにつながったことは言うまでもありません。

自分を押し殺すことができるか（鶴間）

今までにも何度かお伝えしているとおり、タレントは人一倍「我」が強いものです。そのため、なかには「俺が、俺が」「私が、私が」と自己中心的に考えたがる人間も出てきます。

しかし、そういった人間は伸びません。これは、伸びない人間に共通する特徴だと言っても過言ではありません。どんなに実力があろうと、まわりからの支持がなければ、決して上に這い上がることはできません。

先述のK・Mさんが「我」を通した話は、正論、正義を貫き通した話です。

しかし多くの人間が陥るのは、自分の利益のみを考えた、それこそ正論・正義に反した「我」を通そうとすることです。

特にお笑いタレントでコンビを組むケースでは、相方に対する思いやりは大事です。

お互いに「我」が強いと、まず売れることはないでしょう。

ちょっと売れてくると、コンビのなかでも、その人気に差が出てきたりします。目立つほうに対して、その相方が、「俺だってカッコいいだろう」とか思い始めたら、危ない兆候です。「俺だって必死にやっています」というスタンスを取り出したら、そのコンビはダメになっていく確率が高いと思います。

つまり、特に目立っているほうに対し、相方が嫉妬を抱くようになったら、そのコンビはほぼ間違いなく崩壊するといっていいでしょう。

相方が地道に下支えするような、一歩引いた大人のスタンスをとれるようになれば、そのコンビはうまくいくでしょう。

たとえば、漫才コンビのオードリー。

オードリーは当初、「トゥース！」「鬼ガワラ！」のギャグで春日俊彰のほうが先に注目を浴びました。ネタづくりは若林正恭が中心になってやっています。

春日のほうが目立っていても、若林は支える格好で「俺が、俺が」をせずに地味にやっていました。だから、うまくやっていけているんでしょう。

そして、今や若林のほうが番組の進行や仕切る仕事が増えています。

片方がうさぎとするなら、片方は亀。でも、亀の役回りでも、じっとその役に徹しきること。すると、世間のほうがうさぎから亀の良さにも目を向けてくれます。結局、亀が得をするんです。

他人の気持ちを考えてあげられるか

（鶴間）

目の前にいる人間のちょっとした心の動きを察知して気遣いできるかどうか、この差は大きいといえます。

私は地元の百貨店で時折講演を行なったり、コンサルティング的なアドバイザーみたいなことをやらせていただいています。

ある年の瀬、お正月に売り出す福袋についての話になり、あるお願いをしたことがありました。

その福袋には、衣服数点と１０００円から1万円の商品券が入ることになっていました。私は

「では、入れる商品券の最低額は２０００円にして、１０００円の商品券を入れないでください」

と強く要望しました。

「1000円から1万円の商品券が入っています」と謳った福袋で、1000円の商品券が当たってしまった人の気持ちはどうでしょうか？

正月早々、イチバン最低額の商品券が当たってしまったら、福袋なのにツイていないなと思わせてしまうじゃないですか。

お客様にそんな気分にさせない気遣いが必要です。

福袋を開けたときに、最低額の2000円商品券が当たった人にも、「やった！2000円！　1000円でなくて良かった」と思ってもらえることが大事です。

「お客様の気持ちを考える」＝「他人の気持ちを考える」

子どもの頃に「自分がやられて嫌なことはやっちゃダメ」と誰もが教えられたことです。それは、ビジネスの世界でも同じ。自分がお客様の立場になってやられたら嫌なことはやっちゃダメですよね。そこで、自分がやられてうれしいひとひねりが大事なのです。

第3章

人の才能の育て方

今後、育つかどうかのバロメーター（川岸）

お笑い芸人になりたいと、事務所の門を叩いてくる若い人は多くいます。

キャイ～ンのウド鈴木も、いきなり押しかけてきた1人です。

ウドは、アポなしでいきなり「タレントになりたいんです」と浅井企画の事務所に押しかけてきました。当時、頭を五分刈りにしていたかもしれません。

私がたまたまその場にいたので対応し、説教しました。

「あのね、キミね。たとえば、よそのウチを訪ねるときは、前もって電話するとか、『これから行きます』とかアポイントをとってからくるものだろ？　そういうのが大人の世界のマナーだよ」

すると、ウドは、「すいません！」と謝って、そのまま出て行ってしまいました。

そのあと、すぐのことでした。

「川岸専務、鈴木さんという方から電話です」と事務員から渡された受話器をとったんです。

当時の事務所は、ビルの7階にあったのですが、ビルの下に公衆電話があって、ウドはそこから電話してきたんです。

「これから行っていいですか？」って言うから、

「じゃ、また上がってこいよ」って（笑）。

天然なのか、本気で考えてやったことなのか、よくわかりませんが、ここまでやられたら、お笑い芸人としては合格です。だって、やっていること自体がコントですから。

彼と浅井企画の関係は、こんなエピソードから始まりました。

多くの若者は、説教された段階で、すごすご退散しちゃうものです。でも、ウドは天然というか、根が素直なんでしょう。その素直さが芸能界入りというチャンスをつかんだといえます。

別の項目でもお伝えしましたが、まわりの言うことに耳を傾けない人間は伸びません。これから新しいことを目指そう、やろうとする人は、いろんなものを吸収しなくちゃいけません。経験者のアドバイスに耳を傾けられない人間は、いずれ限界がくるものです。だから、育つかどうかは、まず素直さが第一条件だと思います。

例外はあります。

たとえば、プロ野球のイチロー選手です。

彼は、プロ野球入りした頃、彼独特の振り子打法を打撃コーチとかに否定されていました。

「その打ち方を直さないと試合で使わないぞ」とまで言われていたようです。

でも、イチローは自分のスタンスを頑として変えませんでした。そのときは新人でも、小さいときから人一倍努力して、高校野球でも実績を残していました。その積み重ねてきた努力という裏づけがあっての信念だったわけです。だから、イチローは自分を貫き通すことができたのでしょう。

イチローには一本の芯があったんです。

芯がないうちは、頭を柔らかくして、つまり、素直になって、いろんなものを吸収したほうがいいでしょう。素直さがあるかどうかが、育つかどうかの境界線と言っていいと思います。

なにかアピールする特長を持たせる

（鶴間）

私が若手芸人さんに、特に言いたいことがあります。

それは、「まず覚えてもらわなければならない」ということです。だから、何かしら強くアピールできるものを持ちなさい、と。

手っ取り早いやり方としては、見た目。身なりで印象に残るアピールポイントをつくる、です。『人は見た目が9割』というベストセラー本もありましたね。

ちなみに私の場合、身なりを緑色に統一していたため、TBSラジオの「コサキン」では、緑色のカエルにちなみ、「ケロヨン鶴間」というニックネームがつきました。「緑色の放送作家」として、業界ではちょっと有名でした。

もともと緑色が好きだった私は、服だけではなく、携帯電話、メガネ、バッグ、ハンカチ、靴下、ペンなど緑色に統一したことがあります。こうして「緑色の放送作家」としてのキャラを確立しました。

先日も、あるムック本の対談で、声優の神谷浩史さん（小学校時代からの「斉藤洋美のラジオはアメリカン」「コサキン」のリスナー）と初対面しました。すると、神谷さんの第一声が「本当に、メガネから服、カバンまで、全部緑なんですね」と驚きの表情。感動していました。

また、初めて会った人には、

「なんで緑色が好きなんですか」「なんで緑にこだわるんですか」

などと聞かれることがあります。

そのときのための回答も用意してあります。

「私は目にやさしい放送作家です」

これも個性を印象付けるセリフです。

色の話でいうと、私のまわりに2人、赤の服ばかり身につけることで有名な方がいます。

一人はフジテレビの名物ディレクター、三宅恵介さん。「オレたちひょうきん族」「欽ちゃんのドンとやってみよう」「いただきます」「ごきげんよう」などを手がけた方で、フジテレビではバラエティ制作一筋。「ひょうきんディレクター」とか「三宅デタガリ恵介」といったニックネームでした。

もう一人は浅井企画の創業者、故・浅井良二さんです。

ゴルフ場ではいつも真っ赤なウェアを身につけておられたので、グリーンの上ではすぐに目に留まりました。

ここでは、エンタメ界での話をしましたが、これは、一般社会でも一緒です。今は、起業する人が増えているようです。

そのためには、差別化を図る必要があります。1人でスタートするならなおさらです。ビジネスの場合は見た目ではないですが、同業他社とは違うサービスや商品を提供したり、自分自身をアピールすることは欠かせません。

自分をどのようにプロデュースするか？　どのようなポジションで勝負するのか？　勝負する内容は違いますが、お笑いタレントに求められる自己プロデュース力を参考にしてみるといいかもしれません。

ただし、あまりに目立とうとするのは禁物です。清潔感をわきまえた目立ち方を研究して、自分という個性をうまくブレンドしてください。

現場をよく知らないと、うまく育てられない（川岸）

芸能マネージャーですから、当然現場に顔を出すわけですが、ただ付き人として行くだけでは意味がありません。現場の雰囲気や状況をよく把握して、戦略的にタレントを動かすように考えることが求められます。

ある芸能プロダクションの社長ですが、現場には顔を出すものの、撮影時はずっと居眠りしています。病気かなにかかもしれないけど、居眠りはマズイ。現場の士気に差し障りが出るし、なによりマネジメントされているタレントの意欲を喪失させてしまいます。

その点、石田達郎さんは現場第一主義を貫き通した方でした。ニッポン放送とフジテレビの社長まで務めた方です。

現場から離れる立場になっても、石田さんは一番現場に降りてきていました。

私たちがマネージャーとして現場に行くと、よく見かけました。特に何をするわけでもないんですが、現場を見ていました。

石田さんがトップにいたフジテレビは、それこそ全盛期でした。石田さんの徹底した現場主義が現場の雰囲気も良くしていたのでしょう。

のちの社長の日枝久さんは「キュウちゃん」、村上光一さんには「ピカちゃん」、そう呼んでいました。

石田さんは本当に気さくな方でした。

あるとき、欽ちゃんが空港にいると、後ろからトントンと肩を叩いて、「欽ちゃん！」と声をかけた中年男性がいました。欽ちゃんが「どこか農協かなにかのオヤジさんかな」と訝しがっていると、

「私、ニッポン放送の社長」

と挨拶したのが石田さんだった（笑）。

すべては現場が教えてくれます。どんなに偉くなっても、現場を知っておくべきです。人を育てるのに、必要絶対条件であることは間違いありません。

「見て学ぶ」は最強の育成法（鶴間）

欽ちゃんの番組をつくる際、欽ちゃん、私たち放送作家やテレビ局スタッフが一堂に会してアイデア&台本会議をやっていました。台本はパジャマ党（欽ちゃんの放送作家集団）が書くのですが、だいたい欽ちゃんの頭のなかにあるものが正解なんです。その頭のなかのものを欽ちゃんが発表して、あとは作家たちが台本にまとめます。

あるいは、放送作家たちが出したアイデアの10分の1だけ活かして、残り10分の9を欽ちゃんが広げていくケースがほとんどでした。

夜中の2時にみんなでウンウン唸ってアイデアが出ないときもあります。そんなとき、欽ちゃんは、すっと立ち上がって、「はい、全部窓を開けて」とか言い出すんです。そして、夜空に向かい「これからお星さまにお祈りします」って両手を合わせ、お祈りのポーズを取るんです。

「はい〜〜、星から飛んで来ました〜〜」って、その星から受け取ったというアイデアをペラペラ話し出すんです。

それがまた、おもしろい。一同は唖然です。「欽ちゃんは宇宙人だ」と。

それから数十年後、私は欽ちゃんに尋ねました。

「あのお星さまへのお祈りって、いったい何だったんですか？」って。

「ああ、あれね。あれはただのポーズ。いいアイデアを思いついたんで、そのまま発表してもおもしろくないじゃん。シャレだよ。みんなにすごいと思わせようと、演出しただけ」

カリスマ性というか、欽ちゃんはこのように自己演出できるから、みんながついていくんですよね。

だいたい毎週数回、世田谷にあった欽ちゃんの自宅でアイデア&台本会議をやるんですが、居候中の5年間は、特に何を教わったということはありません。落語家じゃないですが、見て学ぶという名の〝修業〟です。

この見て学ぶ教育は、効率化が求められる社会では、なかなか難しいかもしれませんが、見て学ぶ教育を受けてきた身としては、重要な教育法だと思っています。

見て学ぶには、教育を受ける側が目的意識を持っていない限り、吸収できません。なんせ教えてくれないのですから。ただただ、わからないなりに、その空気というか、空間、やりとりを覚えるだけ。どんなことが必要なのかさえわからないわけですから、自分への問いが大切になってきます。問いを立てて、自分に必要なものは何かを探す。そこから目的を見いだして、その目的に沿って、見て学ぶ。見て学んでわからないことは、人に聞いたり、本などで勉強する。見て学んだものは、自分で実際に行動して確かめなければいけません。いわゆるＰＤＣＡ（計画→実行→評価→改善）を回すわけです。

このサイクルを自分自身で問題意識をもって回していく。これほど、人が育つという意味で有効なものはありません。

全部がそれに当てはまるものではありませんが、基本はこれをベースにして、自分なりの経験でアレンジしていくことかと思います。

こだわりの強い部下の、上手な育て方（川岸）

他人のアドバイスを素直に受け入れるのは大事であることは、すでに何度かお伝えしたとおりです。

ただ、いつまで経っても、優柔不断に人の意見に振り回されているのも良くありません。

まだ売れていないお笑い芸人には「前説」という仕事があります。前説は、劇場での公演やテレビの公開放送の本番前、観客に対して実施する、いわばリハーサル的な教育です。観劇する際のマナーの他、拍手のタイミング、笑いのタイミングなど、若手芸人がフリートークで行ないます。会場の雰囲気を良くするためにも行なわれますが、若手芸人にとっては、自分たちをアピールできる場でもあります。

多くの若手芸人は、関係者に売り込むチャンスでもあるため、喜んで行きます。

しかし、この前説の仕事を頑なに拒否したタレントがいます。

キャイ~ンの天野です。

天野がウドとキャイ~ンを結成してまだ間もない頃のことです。

私が「ウドと一緒にあの番組の前説に行ってくれ」と頼みました。

すると天野は、

「私は漫才をするために芸能界入りしました。前説をやりに芸能界に入ったのではありません」

ときっぱり言ったのです。

私も、「ああ、なるほど正論だな」と納得しました。彼の日常のふるまい、言動からして一本筋通っているので、正直に「あっ、申し訳ないことを言ったな」と思いました。

小堺一機も似たようなところがありました。

もっとも小堺と関根勤のコサキン（小堺と関根がコンビで活動する際の名称）は、ブレイクする前に前説をやっていたんですが、それが前説の始まりといわれています。

日本のテレビ番組で初めて前説が導入されたのが「欽ドン！」で、欽ちゃんがコサキンにやらせたのが始まりです。

そんな小堺は、当時からしゃべりが非常にうまい人間でした。

そこで私は、ニュースや情報番組のコメンテーターやアンカーマンみたいなものをやらせたくて、一度チラっとそんな話を提案したことがありました。

すると彼は、

「いや、ボクはコメディアンですから」

ときっぱり言いました。しっかりした「自分」というものを持っていたのです。

このように、どこまで「自分」を押し出すかどうか、そのさじ加減というかバランス感覚が大切です。

自分をわきまえずに、自分を強く押し出すと、これはつまずきの元となりかねないからです。

いずれにしても、マネジメントする立場としては、アドバイスはするけど、「あれをやれ」「これをやれ」とは強制できないから、本人がうまくいく方向へ誘わなくてはなりません。これが、マネージャーの一番のセンスが求められるところであり、重要な仕事だといえます。

これは、どんな職種でもいえることではないでしょうか？

才能のある、または期待している部下を、どのようにマネジメントしていくか。会社都合ではなく、できるだけ、部下の才能ややる気が発揮できる環境にもっていけるかが大きなポイントになるでしょう。

10番目の補欠を立派に育てる方法（鶴間）

かくいう私も欽ちゃんに見いだされ、この世界に引っ張り込んでいただいた人間です。

私は高校時代から大学時代にかけて、ずっと欽ちゃんのラジオ番組に投稿していました。いわゆるハガキ職人というヤツです。

1972年4月、土曜日の夜12時から1時まで、「どちらさんも欽ちゃんです」（ニッポン放送）がラジオ番組で半年続きました。ソニーの提供でしたね。

その番組の成功を受けて、10月から同じニッポン放送で「欽ちゃんのドンといってみよう！」、略して「欽ドン」が始まりました。毎週月曜日から金曜日、夜9時40分から50分の枠です。

そこに投稿しては、常連となり番組で読み上げてもらっていました。

１９７２年の年の瀬、お正月スペシャル番組の公開録音があり、それでニッポン放送へ行きました。そこで初めて生の欽ちゃんに会えて、「お〜〜、お前が鶴間か」って声をかけていただいたんですが、私は「はい」って答えるのが精いっぱいだった、そんな思い出があります。

欽ちゃんは、放送作家集団である「パジャマ党」を結成して、ラジオ版「欽ドン」をもとにテレビ版「欽ドン」を成功させていました。その続きを投稿の常連のなかから育てて行こうと計画していました。そこで、ハガキ職人だった私に声がかかりました。欽ちゃんの個人事務所「萩本企画」の竹内政弘専務から電話がかかってきて「作家になるつもりはありませんか」と。

それが、私が大学４年になる春のことです。

就職活動を考える時期でしたが、私は二つ返事で「はい！」と答えました。これがキッカケで、放送作家への道を歩むことになりました。

＊

欽ちゃんに引っ張り込んでいただき、放送作家への道を歩み始めた私ですが、ずっと謎に思っていたことがあります。

1975年当時、「欽ドン」ではハガキ採用率とネタのおもしろさで投稿者のランキング付けが行なわれていて、私は10位をウロウロしていました。

以前、その謎の答えを探るべく、欽ちゃん本人に

「なぜランキング10位の私にお声がかかったんでしょうか」

と尋ねたことがあります。

ランキング1位には「村田むらじ」というすごい優秀な常連リスナーがいました。

普通であれば、彼に声をかけるはずです。

私の質問に対して欽ちゃんは、「いや、あのときは1位から順番に電話していったんだよ。でも、みんな放送作家になるつもりはなかったんだよ」と教えてくれました。

実際、私より上のランキングにいた人たちは、「医者になる夢がある」「教師になる」「実家の造り酒屋を継がなければならない」といった理由で断ったらしいのです。

つまり、私は10番目で、野球でいえば補欠です。その補欠を、こうしてちゃんと仕事ができる放送作家に育ててくれたのです。

ただ、欽ちゃんとしては、即戦力になるかと思ったら、一人前になるには時間がか

かったみたいです（笑）。

人間、そんな簡単に熟成するもんじゃないってことでしょう。たとえるなら「簡単レシピ」みたいなもの。簡単レシピでつくった料理は、結局、つくるほうも食べるほうも飽きるんです。簡単すぎるから、深みが出ないんです。人間もそれと同じで、ポッと出の人間というのは、どうしても深い味わいが出ないものです。

欽ちゃんの頭の中には「石の上にも三年」という言葉が浮かんでいたそうです。しかし、「3年では普通だ！　〝石の上にも五年〟だ！」と思ったと。

「それで、鶴間を5年間塩漬けにしたんだ。いい塩漬けができただろ」と言われました。

10番目の補欠をレギュラーにするには時間がかかります。でも、レギュラーになったら、時間がかかった分だけ、その息も長く続く。そんなことを欽ちゃんに教えてもらったような気がします。その熟成期間にどのような育てられ方をしたかによりますが。私は幸いにも、前述のとおり、欽ちゃんという監督の下でじっくり「見て学ぶ」ことを教えていただいたので、今もこうして元気にやらせていただいております。

自分の能力に制限をかけてはいけない

（鶴間）

私の学生時代は、授業中も積極的に手も挙げず、できれば先生に指されたくない。学級会でも別に意見も言わず、右に同じじというタイプでした。親しいクラスメイトと昨夜のテレビ話で盛り上がるぐらいで、どちらかというと、口下手なほうです。

だから、先にもお伝えしたとおり、欽ちゃんと初めてお会いし声をかけてもらったときも「はい！」と相槌を打つのが精一杯でした。

この本を書くにあたって書籍化された「欽ドン」の本をパラパラめくってみました。そこに4ページの対談記事があって、欽ちゃんの他、投稿の常連4人が登場していました。タイトルは「実録／欽ドン　コントの作り方」（実は、この対談は実際には誰も参加していない、誌上での架空想定対談）。私も呼ばれて参加しているんですが、対談ではほとんど他の3人と欽ちゃんが話しています。欽ちゃんにコントの作り方の

コツを聞かれて、他の投稿者が、

「コツなんかあらへんな。思いつきでんがな。ふっと浮かぶんや、なあ鶴間、そうやろ?」と振られて、私のセリフは、

「ええ……、欽ちゃんは?」と相槌を打っているだけなんです(笑)。

これを見てもわかるように、私のイメージはまさに口下手。誌上対談の記者にも見抜かれています。

ずっと無口で通してきた私でしたが、欽ちゃんのもとに放送作家の卵として弟子入りし、そうこうしているうちに、欽ちゃんの〝石の上にも五年〟作戦が成功して、身の回りの口八丁手八丁の先輩や芸人やタレントの話術を肌で学び、いつの間にかセミナーや講演で堂々と話せるようになってしまったのです。

才能を伸ばすには、まず「自分の能力」に見切りをつけてしまってはいけません。

逆にいえば、人を育てるときも、最初から「才能がない」などと決めつけてしまってはいけません。「しゃべる才能がない」と思っていた私が、まさかの口下手からの卒業。身の回りの話の達人から、良いところも悪いところも学びましょう。

忍耐力は、人生最強の武器である（川岸）

補欠といえば、私は正真正銘の補欠でした。その補欠としての、いわば「下積み」が、今の私を形づくっていると思っています。

高校は、群馬県立桐生高校という野球の名門高校でした。1955年に私の3年先輩が甲子園の選抜で準優勝しています。プロ野球の大洋ホエールズに入ったピッチャーの今泉喜一郎と西鉄ライオンズに入ったキャッチャーの田辺義三がいたときです。県立高校で300人の新入学生がいるうち、150人が野球部入部という世界です。

私は補欠のなかでも1年のときは優秀なほうでした。王貞治が早稲田実業の同じ1年生で、うちに練習試合に来たことがあります。王はファーストで、河原田明という、のちに東映フライヤーズに入ったピッチャーがエースでした。9回に「おい、川岸、行ってこい」とピンチヒッターに出されたものの、あえなく三振でした。

150人いた新入部員は、夏休みには半分くらいになって、最後は20人残りました。3年間ずっとベンチでチームを見てきて、それがのちのマネジメントを基礎になったと思っています。

当時は就職難で、高校を卒業したあとは、渋谷の東横ホールで舞台とかをやっていた東宝舞台という会社にもぐり込みました。野球関係の先輩がそこで大道具をやっていて、その方の紹介でした。黒子として幕引きとかもやっていました。

そんなに楽しい仕事ではなかったのですが、1年くらい続けました。

そんなとき、「週刊新潮」に今もある「掲示板」というページを読んでいました。このページは著名人のメッセージが掲載されているんですが、その1本の記事に目が留まりました。

歌手の若原一郎（歌手。1956年「吹けば飛ぶよな」で一躍名が知られ、「おーい中村君」は50万枚超の大ヒット）が野球チームを持っており、そのメンバーを募集していたのです。そこで私は、おもしろそうだなと思って応募しました。

駒沢のグランドに100人くらい応募者が集まっていたのですが、なんとか3名選ばれたうちの1人になりました。

人材を採用するときは、普通、面接などがあるはずですが、それもありません。ただ野球の技量だけで選ばれたようなものでした。ある意味、いいかげんな時代でした。若原一郎が公演に行くときは、野球道具を持っていきます。昼と夜の公演の合間に地元の商店街チームと試合をやるためです。有名人のチームと野球できると、各地で喜ばれるわけです。なかには野球のスパイクを履いてステージに立ったバンドマンもいました（笑）。

あの当時は、野球チームを持っている芸能人は多かったような気がします。春日八郎やフランク永井。橋幸夫のブリッジーズというチームは強かった印象があります。

*

結局、若原一郎の野球チームには10年くらいいました。

バンドマンをやりながら、30歳目前に「芸能マネージャーって、おもしろそうだな」と思い、新栄プロダクションに入りました。北島三郎、村田英雄、五月みどりといった錚々たる歌手がいて、年末の紅白歌合戦には1プロダクションから5人も出場者を出すほど勢いある事務所でした。

そこで営業のマネージャーをやっていたんですが、新人歌手の担当だったため、誰も相手してくれません。大物歌手だったら、向こうから「お願いします」と来るんですが、まったく音沙汰なし。

そうなれば、地道に歩き回るしかありません。それで、歩くクセがつきました。80を過ぎた今でも、一日1万3000から5000歩は歩いています。

まずは、何事にも耐えること。それが人を成長させる原動力になる。高校の補欠から10年ちょっとの裏方生活が、マネジメント力がついたと本気で思っています。

ずいぶん遠回りしたようだけど、結局、それが良かったんでしょう。

今の若い人たちは、すぐに結果を求めたり、すぐに見切りをつけたりしていますが、下積みもいい体験だと割り切って、耐えてほしいと思います。

時代が変わろうと、いくつになっても、そのときに培った「耐える力」は人生で最強の武器になるのですから。

インプットに必要なのは好奇心（鶴間）

タレントは、本来は英語で「才能」「素質」という意味です。テレビに代表されるメディアを通して、その才能をいかに見せつけることができるかに勝負がかかっています。

そこで問われるのが、アウトプットできる「ネタ」をいかに多く抱えていられるかどうか。

アウトプットできるネタを増やすには、普段の生活のなかで好奇心を持って暮らしているかどうかが大きく影響します。アンテナを広げて、いろんな情報に敏感に接していられるかがポイントになります。

ここまでの8行ほどの文章を、「タレント」を「自分」に置き換えて読み返してみてください。ＳＮＳやnoteなど、個人が発信できる今の時代、起業したりする際にも必ず求められる重要なエッセンスが詰まっています。

さて、話を戻します。アンテナを広げて、いろんな情報に敏感に接していられるか。そのいい例が、ＴＢＳアナウンサーの安住紳一郎です。彼は日曜の朝、「安住紳一郎の日曜天国」というラジオ番組を持っています。ラジオは、テレビと違って、しっかりした構成があるわけでなく、パーソナリティのフリートークによるところが大きいメディアです。基本的に毎週テーマだけが決まっていて、特に台本があるわけでもありません。

彼は、ある日の放送でこんな話をしていました。

大相撲の名古屋場所で桟敷席の観客に気になる品の良い和服女性がいるといいます。それこそ、初日から千秋楽まで毎日観戦している。すらっと背筋が伸びている姿から、「白鷺の姐御」と呼んでいました。そして、「白鷺の姐御を探そう」という流れになって、実際に探し当てたんです。その「白鷺の姉御」は、85年続く鶏肉を扱う商店の社長夫人でした。安住の予想を超えた、とても気のいい方で、番組にも中継で出てもらっています。

安住が旺盛な好奇心を持ち、広くアンテナを伸ばしているからこそ、そういったことができるわけです。

安住は「乗り鉄」、というか「乗りバス」。地方に行ったときでもバスに乗って、外の風景を見ているのを楽しみにしているとのこと。そこで目撃したものを小ネタとして披露したりしているわけです。

好奇心を持ってどんどんインプットしていけば、発信力も高まり、その人間的魅力も高まる。その見本のような人間です。

インプットの重要性を認識する上で、見本になる人間がもう1人います。

伊集院光です。彼はよく動き回ります。

伊集院は全国のバッティングセンター巡りをやっているんですが、全国350あるといわれるバッティングセンターのうち200は制覇しています。実際にバッターボックスに立って、打率3割を目標に設定。20回打って6本のヒットを打つまで止めない（笑）。

熊谷市（埼玉県）が国内最高気温（41・1度）を記録したと聞けば、その最高気温を体験しようと実際に休みの日に行ってみたりするわけです。

　JRの湘南新宿ラインで大宮まで行って、そこで一区間新幹線に乗り換えて熊谷に行きます。わざわざ行った当日は、残念ながら最高気温を記録しなかったんですが、気温38度〜39度を実際に肌で感じてきています。仕方なく、地元の百貨店で開催されている物産展でお土産を買って帰ってきて、それをトークのネタにしています。

　文字どおり汗をかいている体験からきているトークだけに、ラジオのパーソナリティとして長年務まっているのです。

　テレビを見ていると、ずっとスタジオに座りっぱなしのMCもいます。見ていて、「あ、この人は外に出ていない」というのはすぐわかります。アンカーマンといえばカッコいいですが、現地に行って取材していないのでは、トークでも説得力はありません。

　実際に動いて汗をかいて体験して得られたインプットほど、説得力のあるもの、オリジナリティがあるものはありません。

　一億総発信者の時代だからこそ、このリアルとオリジナリティのあるインプットが重要になってくることは間違いありません。

二段飛びを狙わず、地道に一歩ずつ歩む

（鶴間）

小堺一機と関根勤は、コンビというわけではありません。パジャマ党の大岩賞介さんが「同じ笑いをやっているんだから、2人で何かやったら」とアドバイスしたのがキッカケで、コントライブを始めたんです。

思い起こせば40年前、最初は下北沢のライブハウスでした。上が確かノーパン喫茶で（笑）、観客はわずか3人でした。スタッフの人数のほうがはるかに多い状況だったと聞いています。

ただ回を重ねるごとに観客数は少しずつ増えていき、そのうち原宿のペニーレインにと昇格していって、「小堺クンのおすましでSHOW」「カンコンキンシアター」、最後はTBSラジオ「コサキンin武道館」という1万3000人の前でイベントライブをやりました。

「小さいところから少しずつ育てる」って、マネージャー冥利に尽きると思います。大事なことは、スタートでつまずいても、あきらめなかったという点でしょう。一歩一歩階段を上って行くのが良く、いきなり二段跳び三段跳びで上がって行こうとすると、足を踏み外したりするでしょう。

欽ちゃんがパジャマ党という放送作家集団をつくり、さらにその下に「欽ドン」の投稿の常連から即戦力の作家を集めようとしました。

欽ちゃんとしては、即戦力になると期待していたのでしょうが、結局、一人前の作家に育つまで、相当の時間がかかったのは、先にお伝えしたとおりです。

「継続は力なり」という言葉がありますが、地道に努力を積み重ねることが、当たり前なんですが、やっぱり真実です。

近年、一般の人でも、SNSやYouTubeなどで発信する人が増えました。始めるのはいいのですが、ちょっとやって結果が出ないとすぐにあきらめてやめてしまう。結局、あの世界もコツコツ毎日続けている人にフォロワーが増え、インフルエンサーとなっています。まったくの無名の人がいきなりフォロワーが増えるなんてほとんどないはずです。やはり地道な努力が欠かせません。

タレントの世界でも、ライブをやると決まると、今の若手芸人の多くは「数週間後のライブ」に向けて一生懸命ネタづくりを始めますが、私はそれでは遅いと思います。普段から意識をもって、コツコツとネタづくりをする。練習をする。舞台で披露する。改善点を見つける。そのサイクルスピードと回転数が、その人の能力を引き上げる、一番の近道だと思うのです。

どんな世界でも、一発逆転はありません。たまにある一発逆転は、ニュースになりやすいだけ。それはニュース性が高いからであり、たまにあるだけ。その偶然を待っていても、来るか来ないかはわかりません。世の中はそのようにできています。

来るものは拒まない（川岸）

欽ちゃん劇団は、いっさい入学金とか授業料は取りませんでした。これは、欽ちゃんの主義でもあるんでしょう。

吉本興業は、養成所の入学金として60万円取ります。どっちがいいとか悪いとかの話ではありません。吉本興業が入学金を徴収するのは、ビジネスとしてはアリです。それを悪いとはいえません。

しかし、欽ちゃんはお金を取ることはしませんでした。もし、浅井企画でお金を取る、つまり、ビジネスとして欽ちゃん劇団のほうでお金を徴収するようなことがあったら、欽ちゃん自身は降りていたでしょう。

他のタレント養成所を辞めてきた志望者も多かったし、門戸を広げておくというのが欽ちゃんの考え方です。少しでも若者にチャンスを与えたいという思想です。

だから、欽ちゃん劇団から巣立って芸能界デビューした人間も多くいます。深沢邦之、東貴博のTake2、はしのえみ。元ニッポン放送でフリーアナウンサーの垣花正（ホリプロ所属）は、早稲田の大学生のときに劇団に属していました。

欽ちゃん劇団の試験を落ちて、浅井企画に来たのがキャイ〜ンの天野ひろゆきです。天野は、欽ちゃん劇団の試験で「萩本欽一」と書くところを「萩本鉄一」と書いたらしい（笑）。

当時、彼は日本大学の学生でしたが、大学も東京で学生生活を送りたいという理由で日本大学に進学。ところが、天野はよく調べもしないで国際関係学部に入学したのですが、その学部のキャンパスは静岡の三島市だった（笑）。

欽ちゃん劇団の試験を落ちたあと、沼津市内の本屋でタレント名鑑を立ち読みして浅井企画にコンタクトを取ってきました。浅井企画に来たとき、開口一番「欽ちゃん劇団の試験で『萩本鉄一』と書いて落ちて、ここに来ました」と言うんです。なぜそんなことを言い出したかわからないんですが……。

天野は、大学の同級生とコンビを組んで演じたコントのビデオを置いて帰っていったのですが、そのコントがけっこうおもしろくできていました。刑事の取り調べシーンをコントに仕立てた作品でした。

そして、浅井企画の先輩のウド鈴木とコンビを結成したのがキャイ～ンです。

天野も、ウドとは違うパターンですが、あきらめなかったことは共通しています。本気で入りたいのであれば、そんなに簡単にはあきらめない。本気で何かになりたければ、絶対にあきらめない。どんなに売れっ子タレントだって、スムーズに今の地位に立っている人間なんて、まずいません。挫折をいっぱいしてきています。でも、あきらめなかったから今がある。

すぐに結果を求めたり、すぐに効率化とかコスパとか言い出す人間は、本気じゃない。本気だったら、時間だって、お金だって、労力だって、気にせずにつぎ込むものです。

そんな本気な人間、あきらめない人間が入ってこられる場をつくっておくのが、育てる側の使命だと思うのです。

相手の「行くべき」最適の道へ導くために、あえてオーディションで落とす（鶴間）

欽ちゃんの慧眼には、何度も驚かされます。その1つに、こんなエピソードがあります。

1988年に「欽きらリン530!!」（日本テレビ系）という番組がありました。毎週月曜から金曜日まで夕方5時半から6時までの30分番組です。

欽ちゃんは、この番組で男性アイドルユニット「茶々隊」を企画、プロデュースしたんですが、そこに草彅剛が加わっていました。ちなみに、「茶々隊」のメンバーをさらに絞り込み、誕生したのが「CHA-CHA」です。タレントの勝俣州和がいたことでも知られています。

実は、欽ちゃんとジャニー喜多川さんは昔から親しかったということもあり、すごく仲が良かったんです。ジャニーさんも欽ちゃんに一目置いて、言うことなら聞くという間柄でした。そんな関係もあって、草彅剛、木村拓哉、香取慎吾などのSMAPメンバーも「茶々隊」のオーディションを受けに来ていました。でも、みんな落ちたんです。最終的に「茶々隊」に選ばれた草彅剛も、最終的には落されたと記憶しています。

欽ちゃんは、当時の木村拓哉に次のように言ったんです。

「キミはお笑いじゃないよ。うちの番組に欲しいけど、キミはアイドルとか、ドラマの道、正統派のカッコいい道に行ったほうがいい」

意図的に、木村拓哉のためになるようにアドバイスしたのです。

木村拓哉はそこでお笑いの世界に行くことなく、欽ちゃんのアドバイスどおり、その後、アイドル、俳優の世界で大成したことはご存じのとおりです。

才能を発揮できる最適の場所を探る

（川岸）

今さまざまなルートで若い才能が芽吹いています。

ＳＮＳといった新しいメディアの登場がそれを可能にしました。その代表例が、YouTubeから出てきたYouTuberでしょう。

ＳＮＳで情報を発信できるようになれば、これから世に出ようという若手タレント候補は、なにも東京という中央に出てくる必要はありません。地方からも情報発信はできます。

だから私は、これから「マス」のメディアではなく、「集落」の時代ではないかと思っています。ミニＦＭ局のような地元に密着したメディアです。

その一方で、マスメディアの代表であるテレビは、厳しさを増してきています。この間、聞いたところによると、ある程度視聴率が取れている番組でも、製作費４割カットが言い渡されたと言います。さらに、たとえ視聴率が取れている番組でも、どんどん打ち切りの話が出ていると聞きます。

キー局でも厳しいのに、さらに地方局は生き残りがさらに厳しくなるでしょう。テレビそのものの地位が低下するのは否めません。

昔は、タレントはテレビに出ることが最終目的のようなものでしたが、今や手段となっている側面もあります。

どういうことかというと、有名YouTuberがテレビに出てきていますが、それはあくまで自分を宣伝する手段でしかない。そこでの出演料なんか、どうでもいいんです。テレビでさらに知名度を高めて、自分が情報発信するYouTubeチャンネルやＳＮＳでフォロワーを増やせればいいんですから。

これからタレントを売り出すにしても、どこに根付かせるか、そこを戦略的に考えなければいけないでしょう。つまり、その才能は、どの媒体で開かせるのがいいのか、複合的な視点で考えていくことが求められています。

地方は動いているのか？（鶴間）

川岸さんは「集落」の時代と主張されています。「マス」のメディアは、ＳＮＳの登場で相対的に影響力を落としているのは、間違いないでしょう。

その中央のメディアに対し、ＳＮＳの登場で地方に大きなチャンスが訪れているはずなのに、地方はその好機を活かしきれていない気がします。

関係がある話かどうかわかりませんが、２０２０年に発生した新型コロナ問題が騒がれ、「密」を避けるということで、ブームみたいに田舎暮らしをする人が脚光を浴びました。あるいはリモートワークで。

芸能界から離れた視点で記したいと思いますが、私は地元の熊谷市（埼玉県）で、講演やセミナーを行なっています。そこで気づいたのですが、地方の方々は、努力はしているのでしょうが、地元にしがみついて視野が狭くなっているような印象を受けるんです。

たとえば、デパート。経営実務、接客の現場に携わる人間なら、たとえば、自分の休日に時間をつくり、東京の三越とか髙島屋といったデパートに行って視察しても良さそうじゃないですか。半日かけて、受付嬢のファッションはどうなっているのかとか、デパ地下はどうなっているのか、客層はどうなのか、とか。

ところが、地元にしがみついたまま、少ししか汗をかいていないんです。

これでは、地方はますます寂れていくんじゃないでしょうか。

東京の大手デパートがすべて正しいからマネるという話ではありません。自分の目で現場を見て、感じて、考えて、行動する。好奇心で動くのです。世の中の先を行くものが、自分のところより大きなお金（予算）をかけて、お客様の心をどうやってつかもうとしているのか、研究してほしいのです。できれば、会社の命令や経費で動くのではなく。「損して得取れ」の心意気です。心と体の汗です。

芸能界で生き残ろうとしたら、タレントも同じように汗をかくべきでしょう。

川岸さんが先ほど書かれたように、好奇心を持ってアンテナを広げるといった、たゆまぬ努力は不可欠です。

第4章

人の才能の伸ばし方

40歳を過ぎてブレイクした男（鶴間）

下積みが長く、長い時間をかけてブレイクした芸人は数多くいます。下積み経験がほとんどなく瞬間的にポッと人気が出てすぐ消えてしまった芸人も数多くいます。

長い下積みを経て大ブレイクしたお笑い芸人に関根勤がいます。

「えっ？　関根勤はデビューのときからテレビで活躍していたじゃないか」と疑問に思われることでしょう。確かにテレビ番組「ぎんざＮＯＷ！」の「素人コメディアン道場」で初代チャンピオンとなって、浅井企画にスカウトされ、すぐに芸能界デビューを果たしました。

テレビ、ラジオで活躍していましたが、どちらかというと、若い頃はマニアックな若い男性からの人気はありましたが、女性からの人気はそれほどではありませんでした。

事務所の先輩でもある欽ちゃんに、

「お前はギラギラしている。人気が出るのはその脂っこさが取れる40代になってからだ」

と予言され、その予言は見事に的中しています。

関根勤は若い頃からユニークな発想などその才能には光るものがありました。なかでも彼のポジティブシンキングには私自身、大いに学ぶものがありました。とにかく前向き。

私が小堺一機も含めて彼と組んだラジオ番組に「コサキン」（ＴＢＳラジオ）があります。その第1回は惨憺（さんたん）たる結果でした。第1回は、当時まだ「ラビット関根」という芸名だったため、番組名も「コサラビ」でしたが、2人とも2時間の生ワイドラジオ番組なんて未経験。せいぜい30分の番組を持たせるくらいの実力だったのに、いきなりの大抜擢でした。

しかしこの大抜擢が裏目。ペース配分もなく、2人ともアップアップの状態。リスナーも戸惑ったでしょうね……。

番組終了後、スタジオに1本の電話がかかってきました。当時、浅井企画にいた川岸（本書の共著者）さんでした。

「何なんだ⁉　今日の放送は！　聞くに耐えないぞ！　止めちまえ！　お前らは3億年出さん！」という、ものすごい叱責でした。

しかし2回目からは、第1回目の失敗の教訓を生かして、萎縮せず、開き直ったことで少しずつうまくいくようになりました。さすがに3億年もの下積みはありませんでしたが（笑）、その後27年も続いた長寿番組となったのです。関根勤のあのポジティブシンキングも大きな支えとなりました。

その間、欽ちゃんの予言どおり、老若男女幅広い層から愛されるキャラクターになりました。ベストファーザー賞に選ばれたり、あるいは「理想のお父さん」「上司になって欲しい有名人」というアンケート調査では必ず上位にランクインしています。20代30代の経験が、40代になって花開いたのです。

一日に1ミリ成長すればいい（川岸）

関根勤は、確かに遅咲きの部類に入ります。

後輩にあたるイモ欽トリオ（山口良一、西山浩司、長江健二）が「欽ドン！ 良い子 悪い子 普通の子」で大ブレイクしたときは、関根の心中は穏やかじゃなかったかもしれません。

でも、本人に聞いたところによると、「俺は33歳になったら売れる」と自分で自分に言い聞かせていたらしいです。暗示効果もあったのでしょう。

そして、彼は「前へ、前へ、たとえ1ミリでも」という気で、進める気概がありました。その前向きなスタンスが、いずれブレイクする原動力になったと思います。

才能を伸ばすか、潰してしまうか、自身の心構えも強く左右します。

ライバル心が強いと、とかく自分と他人を比較したがるものです。そこから妬みや嫉妬が生まれたりします。

「なんでアイツばかり目立つんだ」

「なんであんな奴が俺より売れているんだ」

そういったマイナスの心は決して成長の糧にはなりません。

まずは、まわりを気にすることなく、上をまっすぐ見つめて精進する、その精神が大事なのです。

関根はそういう意味でも、いつもそのような姿勢で臨んでいたから、今の立場があるのだと思います。

いきなり「完成」を目指さない（鶴間）

欽ちゃんはよく、

「『おもしろいこと』と『おもしろそうなこと』は、天と地ほどの差があるんだよ」

というようなことを言います。

お笑いタレントは、もちろん「おもしろいこと」を追求するわけですが、しかしみんないきなり「おもしろい」ことをパーフェクトに追求しようとするんです。そしてすぐに壁にぶつかる。

私は若手芸人に「完成したネタでなくてもいい、未完成でも50のネタをつくれ」と口を酸っぱくして言っています。質より量。いきなり完成形を目指すからすぐに行き詰まってしまうんです。

それとともに伝えていること。それは、「今、旬なことや旬のものにアンテナを張っていなさい」。

若手のお笑い芸人が、小学生や中学生時代の思い出をネタにするケースがありがちなんですが、それは誰でもつくれるから止めておきなさいとアドバイスします。過去の思い出ネタより、「今」を追いなさいということです。

もし過去の思い出ネタを活かすとしたら、たとえば、新型コロナで「自粛」となり、「リモート」がキーワードですから、修学旅行での枕投げをリモートのバーチャルでやってみたらどうなるか。そういった形で「今」を盛り込むようにしていくよう指導しています。

過去の思い出ネタにすがるのは、旬の話題をネタにするという努力を怠っているわけです。今起きていることを風刺したり、パロディにすることが芸人です。

ものまねでも、いつまでも昔の人間をネタにしている芸人がいますが、残念ながら消えていきますよね。その点、チョコレートプラネットなどは、ＩＫＫＯや梅沢富美男のものまねなど、まさに旬の人間をネタにしています。

松村邦洋もその点、すごい努力家です。歴史などにも造詣が深いし、それを芸に生かしています。ものまねも常に旬の人間を芸に取り入れ、たとえば、片岡鶴太郎のものまねでも、大河ドラマ「麒麟がくる」（2020年当時）に出演している鶴太郎を演じるわけです。

旬に合わせて、常にアップデートして、飽きさせない。

ダーウィンの名言ではないですが、「この世に生き残る生物は、最も強いものではなく、最も賢いものでもなく、最も変化に対応できるものである」という考えに近いものを感じます。今、どんなに売れていても、驕ることなく、常に進化し続ける人間が生き残るのです。

他人のアドバイスをどこまで受けるか（川岸）

「我を通す」って、難しいところがあります。

別の項目でお伝えした、恩のある先輩の舞台を蹴ったRのように思い上がり、かつワガママというのもありますが、「自分」にこだわるのも必要です。周囲に流されるよりはいいかもしれません。

私のところに1人、役者志望の男の子がいますが、小堺のケースを引き合いに出して、M－1グランプリ（若手漫才師による漫才コンクール）とか、R－1グランプリ（ピン芸人コンクール）とか、若手タレントの登竜門があるから、そこに挑戦してみないかとアドバイスしたことがあります。M－1グランプリとかで優勝したら、いい役が入ってくるよ、って。

でも彼は、そこはサムライ。

「なんで俺がそんなことをしなければならないんだ」という態度。「俺は役者だ」というプライドがあるからなんですが、それはそれで1つの生き方だと思っています。だから彼の意志を尊重するんですが、1つのチャンスを潰しているのではないかという思いもあるのです。

プライドにも、いいプライドと悪いプライドがありますから。

たとえば、コント55号の坂上二郎さんも、コメディアンの印象が強いけれど、元々は歌手志望でした。

「のど自慢素人演芸会」で鹿児島県代表で優勝したのを機に、歌手を目指して上京。ところが、さっぱり売れず、付き人としてついていた歌手の青木光一に、

「お前の顔は、歌手向きじゃないよ」

とズバリ言われてしまいました。

そこで、歌手をあきらめ、お笑いコンビを組んでみたりしました。そこから紆余曲折を経て、大スターへの道を歩むようになるわけです。

あくまで歌手にこだわっていたら、コント55号での二郎さんは生まれなかったでしょう。

自分の行きたい道をまっすぐ行くだけでなく、回り道をして目的地に到達することもあるわけです。そこは戦略として考えるのが、マネージャーやスタッフの役目です。

時には危機感を持たせる（鶴間）

人間は生活が安定してくると、成長が鈍化してくるものなんでしょうね。芸人でもハングリー精神が強く、上昇志向が強いほど、ブレイクする確率が高い。

私も欽ちゃんのところに転がり込んで居候生活を始めた頃は、まず憧れの欽ちゃんの家にいられることで満足していました。

私の他に2人居候がいましたが、彼らも同じ気持ちだったと思います。そして「やる気がない」としょっちゅう怒られていました。本来ならおもしろい企画やコントを考えなければならないのに、ダラダラした生活を続けていたのです。

その頃の私はまだ自信もなく、企画を立てるものの、「こんなの、とても見せられないや」「欽ちゃんがおもしろいって言ってくれるわけない」と提出できなかったのです。

そんなあるとき、深夜2時頃のことでした。

「何かいい企画あるか」と問い詰められたとき、私ら3人は何も言えませんでした。

欽ちゃんは、烈火のごとく怒り始めて、

「益子、お前は明日から八百屋へ行って修業しろ！」

「大倉、お前は俺の運転手！」

「鶴間、お前は明日からマンドリンを習え！　外へ行って修業しろ！」

と怒鳴られました。

いきなりの無茶ぶりです。というか、「どこからマンドリンなんて出てきたんだ？」という思いも混ざって、「明日から俺はマンドリンを習うの⁉」と頭の中は大混乱。

欽ちゃんは言うだけ言って、自分の部屋にこもってしまいました。取り残された3人は茫然自失です。

「どうする？　欽ちゃん、マジで怒ってたよ……」

「このままでは、この家にいられなくなる」

その思いが危機感となって、次の日から少しずつ自堕落な生活から抜け出していったのです。

後日談で、欽ちゃんに、なぜあのとき烈火のごとく怒ったか、聞いたところ、「あまりにもお前たち3人がモタモタしていて歯がゆく、喝を入れたんだ」とのことでした。欽ちゃんの一喝。

時には危機感を持たせる。これも、人を伸ばすときに重要なエッセンスです。

「週刊誌」という天敵への対処法（川岸）

今の時代、とりわけ週刊誌の目がうるさく、恋愛スキャンダルで消えていくタレントも多い時代です。それこそ、マネージャーの手腕の見せどころです。

若い女の子なんかには一定期間、恋愛禁止にしているところもありますが、なかなか抑えが利かないものです。さらに、タレントが大きくなってくると、立場が逆転してしまいます。それでも、マネージャーは身体を張ってでも、タレントを守らなければいけません。

藤圭子のときもそうでした。

前川清（歌手。「1969年「長崎は今日も雨だった」でメジャーデビュー。1971年に藤圭子と結婚、翌年離婚。「欽ドン！」はじめ、バラエティ番組でも人気を博す。紅白出場も多数）と男女の仲になる前から、彼女は、

「前川さんは歌がうまい」

とやたらほめていました。

あれは、前川本人に対してというより、前川の歌に惚れたんでしょう。

週刊誌記者が前川の家に取材に行き、記者がピンポーンってチャイムを鳴らしたとき、うっかり藤が出ちゃったことがあります。脇が甘かったというか、警戒心がまったくなかったというか。今の時代じゃ、とても考えられないですが……。

「週刊平凡」だったか、「週刊明星」だったか。いずれにしろ、今その記事が世に出るとマズイことになる。そこで私のほうで持っている週刊誌ネタを提供して、藤と前川のことはしばらく表に出さないように頼み込みました。それで、週刊誌記者は記事にすることをなんとか抑えてくれました。

もっとも「週刊平凡」にしろ、「週刊明星」にしろ、表紙をタレントの写真を掲載していたから、こっちの要求を呑んでくれたということもあります。つまり、芸能プロダクションと対立すると、その後の仕事がやりにくくなるわけです。その点、「週刊文春」「週刊新潮」は表紙のことを心配する必要がない（笑）。

当時は、芸能プロダクションとメディアも、持ちつ持たれつの関係がありました。

このときは、その記者に1つ恩を売っておきました。

藤の地方公演があったんですが、その地に向かう飛行機が満席でした。週刊誌記者としては、同じ飛行機に同乗して現地に向かいたい。そこで私のチケットを譲ってあげました。マネージャーは、あとから行っても別に支障なかったから。

いずれにしろ、タレント、とりわけ女性タレントが成長しようというとき、恋愛スキャンダルはけっこう大きな壁になることがあります。そこをいかにマネージャーが守ってあげるか、いかに支えるかが大事なポイントです。

放送作家たちがやっていた発想を豊かにするトレーニング（鶴間）

私が居候していたとき、よく欽ちゃんの家で「しりとり」で頭を柔軟にするというか、発想を豊かにするトレーニングみたいなのをやっていました。

それも、幼稚園児がやるような普通のしりとり、「リンゴ」「ゴリラ」「ラッパ」……というものではダメなんです。単なる単語を続けているだけでは。

たとえば「し」で終わったあとは、「シュバイツァー博士の悩み」とか、なにか想像を掻きたてるワードでなければなりません。単語ではなく長くていいのです。次に「み」から始まる言葉で、そこで「み、み、み……」と言って考えてはダメ。それは素人。即座に「みかんが一箱送られてきた」とか、すぐに答えなければいけないゲームです。

「しりとり」を使った、レベルの高いトレーニングです。ボキャブラリーの引き出しと、即座のアドリブ力の訓練にもなります。

こういう遊びに似せたトレーニングは、他にも応用できます。

たとえば、テレビのニュースで音声を消して、そこにアテレコを入れる。そういう遊びで突出して才能を見せたのが、小堺一機でした。

テレビのニュースを読むアナウンサーのアテレコでは、音声を消して

「私、昨日妻と大ゲンカをしまして、ちょっと私の声がかすれているのは、それが原因でございます」

とか、真面目に話しているアナウンサーに被せるわけです。

映画のワンシーン、たとえばラブシーンでも、

「あなた、何やってんの、私の足を踏んでいるわよ」とか。

小堺一機はそういう想像力が豊かというか、漫談のセンス、ボードビリアンのセンスは昔から抜きん出ていました。

発想力を鍛えるには、しりとりでも「リンゴ」「ゴリラ」「ラッパ」では育たないわけです。欽ちゃんのところでは、そういうことでおもしろがることを教わりました。

誠意を見せつける（川岸）

ずんの飯尾（和樹）は、遅咲きの1人です。浅井企画の事務所にいきなり飛び込んできて「タレントになりたいんです」と売り込みに来ました。

たまたま私と関根勤がいて、関根に向かって、

「この顔は、金になる顔だよな」

と言ったのを覚えています。

今でこそ売れっ子になっちゃいましたが、下積みが長かった芸人です。よく耐えたものだと感心させられますが、飯尾は実家が東京にあって、食うには困らなかったのが幸いでした。だからといって、売れるか売れないかわからない状況で、20年も下積みに耐えるのは並大抵の神経ではありません。

ただそれを支えたのが、関根勤です。関根は、後輩の面倒見がいい。

だから、飯尾も20年下積み生活を続けられたということもあります。いい先輩に恵まれるかどうか。運の部分もありますが、それを引き寄せる飯尾の人間性もあったと思います。

先日、テレビのトーク番組で「20代のときは、寝てばかりいた」なんて言っていたけれど、今ではテレビCMだけで5本ですから（2020年秋現在）。

キャイ〜ンのウドとほぼ同い年で、一度2人に「ビール買ってこい。お釣りはいらねえから」とお使いにやらせました。余った釣り銭が3円！。その3円をどう分けるか、真剣に話し合ったらしいんです。愚直なところが、2人にはあるんです。

その飯尾が男気を見せたのが、第1章でも紹介した相方のやすがロケで大ケガをしたときです。

現地の医者が、ちょっと冷たく突き放したというか、「これは、完全に車いす生活になります」と宣告した。

飯尾は「ふざけるな！」って、男気の怒りをあらわにしました。

私がテレビ局に出した直筆の手紙には、「復帰したときにはお願いします」としためたのは、先にお伝えしたとおりです。

その後、なんとか復帰したやすは、飯尾とともにとんねるずの番組でも出演を果たし、またドラマ枠もセッティングしてもらいました。

自分のところのタレントということもありますが、飯尾の男気にも感激しました。

私がテレビ局に送った直筆の手紙は、テレビ局を責めることなく、あくまでお願いしたものです。その姿勢は、「誠意を見せる」という意味で、飯尾たちへのいい教育にもなったのではないかと思っています。

自分なりの表現力を身につけろ（鶴間）

柔軟性を持ち、頭の瞬発力を鍛えることも大事ですが、発信力や表現力もしっかり身につけなさいと若い人たちに言っています。

私は放送作家として数々のテレビ番組を担当しました。たとえば、「王様のブランチ」（ＴＢＳ）という情報バラエティ番組などでは、若いレポーターが出演しています。その子たちにアドバイスするのは、「すごい」という言葉を連発しないようにということです。また、グルメリポートで「おいしい」を連発しないこと。そのおいしさを自分の言葉で、具体的に表現しなさいということです。

「すごい」も「おいしい」も、最初に発するのはかまわないにしても、その後連発されては、視聴者に具体的なイメージは湧きません。

もっと内容が伝わる、あるいは、その「すごい」「おいしい」がどれだけ「すごい」

か、どれだけ「おいしい」か、もっと視聴者に強いインパクトを与えるように伝えてほしいのです。

たとえば、「おいしい」でいうと、

「この牛肉のおいしさは、牛を育てた人の優しさの味も入っていますね」

「この大根の煮付けの柔らかさは、おばあちゃんの味に似ています」

といったものです。

一時期、グルメリポーターとして引っ張りだこだった彦摩呂さんは、見事なフレーズを生み出しました。

「味のＩＴ革命や～～！」

「味の宝石箱や～～！」

彼なりの独特の表現で、インパクトは強いです。

表現力を磨くと、人はさらに伸びます。コミュニケーションが豊かになり、相手によりわかりやすく伝わるからです。

今のＳＮＳが隆盛の時代だからこそ、画像以外の言葉の表現力はより重要になってきます。

テングになったとたんに、人の成長は止まる（川岸）

浅井企画の「イズム」として、所属タレントがテングにならないというものがあります。第1章で書いたRは別として。だから、Rは飛び出したともいえるかもしれません。

最近売れ出したずんの飯尾なんか、まさにそうです。

時事通信社から飯尾の「日めくりカレンダー」という企画が、マネージャーを通してオファーがありました。企画書を出した時事通信社の担当者が返事を待っているんだけれど、待てど暮らせど返事がない。その話を聞いたので、私のほうから飯尾に直接問い合わせました。

飯尾は、

「実は悩んでいたんですよ」

といいます。

やったほうがいいのか、やらないほうがいいのか。

根が真面目だから、真剣に考えていたのです。

飯尾の最終的な答えは、「川岸さんのひと言で決心がつきました。やります」。

飯尾は、どんなに売れてもテングになることはありません。

そんな彼は、これからも芸能界から消えることはないと思います。

時にはブレーキをかけてやる（鶴間）

欽ちゃんが、パジャマ党といった放送作家集団をつくる前の話です。

井原高忠さんという名プロデューサーが、すでに自分の持っている番組でブレーンというか、放送作家を抱えていました。井原さんは、音楽バラエティ番組「光子の窓」「九ちゃん！」「巨泉×前武ゲバゲバ90分！」「スター誕生！」（日本テレビ）とかを手がけていた方です。そのブレーンの中には、のちに小説家となった小林信彦（当時は小林弓彦）さんもいました。

欽ちゃんは、その話に興味を持ったようで、井原さんがホテルで豪華な打ち合わせをやっていて、「そこへ覗きに行っていいですか」とノコノコ出かけていったらしいのです。欽ちゃんは、その打ち合わせ風景をのぞき、さらに自分のネタまで披露したようです。

そのときの体験が、欽ちゃんのブレーンである「パジャマ党」結成につながっていると聞きました。

井原さんは、アメリカやヨーロッパのエンターテインメントに詳しい方でした。そこで欽ちゃんは、「将来、ボクはアメリカに行く！」とアメリカ進出の野望を打ち明けました。

すると井原さんは、

「欽ちゃん、アメリカはね、行くものじゃなくて、呼ばれて行くものだよ」

と諭したそうです。

この助言は、欽ちゃんにしてみれば、目からウロコだったみたいです。

アメリカに行く前に、もっとやるべきことがある、と。

アメリカから呼ばれるために、今一度、日本で頑張ってみようという気になれたわけです。そして、のちに「テレビ王」といわれるまでになったのです。

確かに「スキヤキ・ソング」（「上を向いて歩こう」）も、アメリカの一地方局のあるＤＪがかけたのがキッカケで、坂本九さんや永六輔さんが呼ばれたのであって、こちらから売り込んだわけじゃない。それが正しいルートでしょう。

あのピンクレディも乗り込んでいって、残念ながら、思いのほか売れなかったですよね。

売れてくると、とにかく積極的に動きたくなるものですが、それにブレーキをかけてくれる「名伯楽」が、その才能をさらに伸ばすものなのです。

成長するための「脱皮」を手助ける（川岸）

「少年隊」の錦織一清と植草克秀がジャニーズ事務所を退所しました。東山紀之は事務所に残っています。

私なんか単純に、

「プロダクションは、業界は大変なんだな～」

とTOKIOの事実上の解散のとき、咄嗟に思いました。

ところが、ソニー・ミュージックエンタテインメントの前の社長だった高橋章さんは違う見方をしています。

「いや、ジャニーズのジャニー喜多川さんは、かえってホッとしたところもあるんじゃないかな」

高橋さんはプロダクションの社長も経験しているから、そのへんの機微もわかるんでしょう。

つまり、40歳過ぎていつまでもアイドルでいるわけにはいきません。いつか「脱皮」していかなければなりません。少年隊だって、50歳過ぎて「少年」というわけにもいきません。

「進化」していく上で、メンバーそれぞれが自らの道を求める上で、「解散」という形はベストではないにしても、ジャニーズ事務所としては良かったんじゃないか、と。

TOKIOも同じです。元メンバーの山口達也が抜けたあと、音楽活動がまともにできなくなって、長瀬智也がそれに不満を抱き退所しました。

残る3人は社内に残って子会社をつくるという「奇手」を取りました。プロダクションとしても、年を重ねて進化していくタレントを縛りつけておくわけにはいきません。

その進化というか、脱皮をうまく手助けしてあげるのも、事務所の重要な役目なのかもしれません。

「あきらめ」と「決めつけ」を排除する

（鶴間）

第3章で、「地方の時代」といわれながら伸び悩んでいる現状を記しました。

そこに欠けているのは、今一歩「汗をかく」努力なんですよ。都心ほど競争が厳しくないという、一種の甘えもあるのかもしれません。

私の故郷、熊谷市に帰ったときのこと、２０２０年の秋頃でした。

商工会議所のポスターが街中のあちこちに貼ってあるんです。

そのキャッチコピーが、

「熊谷のみんなに笑って欲しい」。

そのポスターに「笑わない男」であるラグビー選手、稲垣啓太選手を起用しているんですが、やはり笑っていない顔なんです。

街の中は、稲垣選手だらけ。１回目は、見るとインパクトがあっておもしろいのですが、2回目以降は、ただ仏頂面の稲垣選手があるだけ。誰もニヤリともしません。もはや稲垣選手の「笑わない顔」って、2年前のワールドカップの盛り上がりのなかで終わっているんです。私だったら、数多くの稲垣の「笑わない顔」のポスターのなかに、数枚だけ稲垣の「笑顔のポスター」を入れておきたいですね。「笑顔の稲垣」を探せ、みたいなキャンペーンにしたら良かったと思います。

おそらく、ポスターを制作した担当者は、ひょっとしたらそこまで考えたのかもしれないし、あるいは、最初から稲垣は笑顔を見せないと決めつけて、「笑わない顔」の稲垣を出したのかもしれません。

しかし、そこには最初からあきらめと決めつけがあって、稲垣に笑顔を見せてもらおうという努力が欠けているんです。

「あの」笑わない稲垣の笑顔は、それはインパクトがありますよ。

そのオファーが果たして稲垣まで届いていたかどうか。私だったら、10回くらい手紙を書いてでも、口説き落とす努力はしますね。

今、この本が出版された時点で、街中の稲垣選手のポスターが全部満面の笑顔バージョンに貼り替えられていたら最高なんですが……。

面倒見の良さが、かえって仇になることもある（川岸）

「コンビを組むには、正反対のタイプのペアがいい」という話を先述しました。

たとえば、お金の使い方に関していろんなタイプがいます。キャイ～ンのウドなんかは、宵越しの金は持たないタイプ。若手のライブがあるときは、後輩たちに散財、タクシー代まで持たせるようなことをします。

おそらくロクに貯金もないでしょう。

その点、相方の天野ひろゆきのほうは堅実です。サラリーマンの家庭に育ったということもあるかもしれません。決してケチというわけではないですが、蓄財術に関する本も執筆したりしているくらいです。

後輩への面倒見ということでは、ウドのほうが一枚上かもしれません。

しかし、それがかえって裏目に出ることもあります。

先輩の金の散財に甘えてしまい、若手のハングリー精神が失われかねないんです。もっといえば、性根が腐ってしまうこともあります。そこは気を付けなければなりません。

関根（勤）が下積み時代の飯尾（ずん）の面倒をよく見ていたのは、ちょうど良かったんでしょう。

芸人やタレント世界に限らず、イチから面倒をみて、結局いつまで経っても成長しない人は、その先輩や上司の面倒見の良さが裏目に出ている可能性があるかもしれません。そんなときは、一度、本人にやらせてみる。失敗を織り込み済みで、いざというときにフォローしてあげる。これぐらいがちょうどいいと思うのです。

おわりに

ここ数年、芸能界が揺れています。

タレントの不祥事やスキャンダルだけでなく、さまざまな大手芸能事務所からタレントや俳優たちが次々と独立、流出しています。

その原因の1つに、YouTubeを含めたSNSの台頭があるのは、ご承知のとおりです。事務所に入っていなくても、自ら直接ファンに発信、リーチし、マネタイズができるからです。

SNSが台頭する前は、テレビをはじめとするマスメディアには、事務所に所属している限られた人、選ばれた人しか出られない時代でした。

今では、マスに知られていなくても、一部のコアなファンに支持されていれば、十分にマネタイズができる時代です。YouTuberたちがテレビに出始めているのも、テレビ出演料をあてにしているわけではなく、自分の存在を、テレビを通じて知ってもらい、自分のYouTubeチャンネルに登録してもらいたいからです。

そんな時代における芸能事務所とは何か？　何のためにあるのか？

そこが問われているといえます。

本書のテーマ「人の才能を見つけ、育て、伸ばす」という観点から考えてみると、芸能事務所の役割とは、まさにこのテーマそのものではないかと思うのです。原点回帰です。

自分で才能を見つけられ、育てられ、伸ばせる人は、ごく限られた人たちです。やはり、眠っている自分の才能が見つけられない人、見つけても育てられない人、伸ばせない人は数多くいます。

そんな悩みを抱えている人たちをサポートする、プロデュースしてあげる。そんなマネジメント力こそ、芸能事務所や芸能マネージャーに求められているのだと思えてならないのです。

本書は一般ビジネスパーソンにもお役立ていただける内容を意識して書きましたが、芸能事務所の関係者の方にもぜひご参考にいただきたいと思っています。

芸能事務所の商品は、人間です。その才能を見いだし、どうプロデュースしていくか。芸能マネージャーの原点を再度見直すべきでしょう。

二人三脚で、自分の才能を見いだし、育てて、伸ばしてくれるパートナーがいれば、タレントだって心強く思い、「この人がマネージャーで良かった」「事務所に所属していて良かった」と思うはずです。

私も放送作家として、芸能界にいろいろお世話になってきた一人です。今、岐路に立たされている芸能界に、少しでも恩返ししたいという気持ちは変わりません。

エンタメは人を元気にします。勇気を届けます。だからこそ、次世代のエンタメを担うスターを生み出す必要があります。そのときに、芸能マネージャーの存在は欠かせません。いいエンタメは、芸能マネージャーがつくる。そんな気概で臨む芸能マネージャーがたくさんいるエンタメ界は、おもしろくないわけがありません。

そんな世界がいち早く実現しますように。

鶴間政行

【著者プロフィール】
川岸咨鴻（かわぎし・ことひろ）
元・浅井企画専務取締役。株式会社 ICH 名誉会長。1940 年生まれ。栃木県出身。藤圭子の初代マネージャーを経て、芸能マネージャーとして数々の才能を世に送り出す。コント 55 号の萩本欽一、坂上二郎をはじめ、小堺一機、関根勤、キャイ〜ン、ずんなど数々の一流お笑いタレントを生んだ芸能プロダクション「浅井企画」の専務取締役を 45 年間務める。2018 年 4 月に株式会社 ICH の名誉会長に就任。芸能マネージャー歴 60 年超の芸能界の重鎮。

鶴間政行（つるま・まさゆき）
放送作家。1954 年埼玉県熊谷市生まれ。1976 年東洋大学在学中に放送作家を志して欽ちゃん(萩本欽一)に師事する。5 年間の居候を経てデビュー。以後、「欽ドン！良い子悪い子普通の子」「欽ちゃん&香取慎吾の全日本仮装大賞」「笑っていいとも!」「オレたちひょうきん族」「SMAP × SMAP」「王様のブランチ」など、多くの人気テレビ、ラジオ番組を構成。現在は、「超逆境クイズバトル！ 99 人の壁」「キニナル金曜日」を構成。長寿番組「ごきげんよう」のサイコロトークの発案者としても、業界では名高い。

芸能界で学んだ
人の才能の見つけ方、育て方、伸ばし方

2021 年 6 月 28 日　　初版発行

著　者　川岸咨鴻　鶴間政行
発行者　太田　宏
発行所　フォレスト出版株式会社
〒 162-0824 東京都新宿区揚場町 2-18　白宝ビル 5F
電話　03 - 5229 - 5750（営業）
03 - 5229 - 5757（編集）
URL　http://www.forestpub.co.jp

印刷・製本　中央精版印刷株式会社

ISBN978-4-86680-132-2　Printed in Japan